大数据时代广告的解构与重构

蔡立媛　著

合肥工业大学出版社

前　言

　　大数据对广告的变革和影响是深刻的,以往的研究成果并没有系统建构大数据环境下广告的变革与重构。本书对大数据环境下广告的运作过程、表现过程、企业的基本营销方式和营销模型做了首次系统的探讨和整体的思考。

　　(1)分析建构大数据环境下广告新的表现形态。新的广告表现形态有:搜索引擎广告、议程设置与参与式广告、利基广告。深入分析研究每种广告表现形态的运作机制,尤其对议程设置与参与式广告的运作、模式、参与及扩散的过程做了深入探讨和分析。

　　(2)分析建构大数据环境下广告新的运作形态。新的广告运作形态有三个方面——市场调查、媒体发布、效果评估。其中市场调查主要由创新的 TSE(追踪、筛选、外部性)构成;媒体发布主要由程序化购买与公众自媒体发布构成;效果评估主要由追踪个体效果的点击、搜索、共享与转化率的评估构成。

　　(3)大数据时代广告营销的关键在于——利基营销。大数据环境市场细分细化到每一个人,产生了"利基市场",利基营销成为基本的营销方式,利基使企业资源在数据平台得到了整合,使消费者各种细小的需求都可能得到满足。传统市场营销只能满足消费者 20% 的需求,利基营销却可以将剩余 80% 的需求挖掘出来。研究发现,基于消费者网络行为的利基有五个过程:T——追踪;S——分享;C——个性定制;P——刺激购买;R——关系。

　　(4)在利基营销的基础上,提出对大数据时代企业广告营销模型的建构(TPWKR)。并从熵的角度分析此模型建构的意义。降低了信息冗余,提高了负熵,优化了系统,提高了效益,使企业和消费者朝着更有益于自身的方向发展。

　　(5)大数据环境下基于 Web3.0 技术的个性定制信息与基于 Web2.0"可读可写可交互"的共享技术形成的部落化社交,使广告对消费者的思想和行为产生影响。广告涵化受众、受众涵化广告,提出广告的"双重涵化理论"。另外,大数据时代推送式个性定制广告和部落化社交会进一步扩大"知沟",本书对蒂奇诺知沟理论中"认为社会经济地位高者通常能比社会经济地位低者更快更有效地获得和利用信息,因而贫富分化的经济结构决定了知识差异,形成了'知沟'"提出质疑,认为个体对信息的不同需求和不同选择是形成"知沟"的主要原因。

目　　录

1 导 言

　　大数据是指在计算机无限存储和应用的技术支持下,用户的碎片化信息所形成的大量动态、不断变化的巨量数据和海量数据。因为其规模的庞大性,企业常常需要采用数据挖掘技术和分析架构技术进行广告决策的分析。

　　大数据环境中的技术因素对于媒体环境有很大的影响,对广告环境也有很大影响,因而对企业的营销模型也会产生很大影响。大数据环境中的技术因素主要包括三个方面:第一,Web1.0技术为基础的"海量信息搜索";第二,Web2.0技术为基础的"可读可写可交互";第三,Web3.0技术为基础的"追踪定位"。技术的变化带来了媒介的变化,媒介变化带来了广告的变化,带来了营销传播方式的变化。本书以大数据环境下技术的变化为基点,分析大数据环境中大数据因素使媒介发生的变革,使广告发生的变革。

　　本书主要分析研究大数据环境下广告的变革和重构——包括广告表现形态的重构、广告运作形态的重构、企业广告营销模型的重构。

1.1　整体框架与基本思路

1.1.1　整体框架(问题的提出、分析与解决)

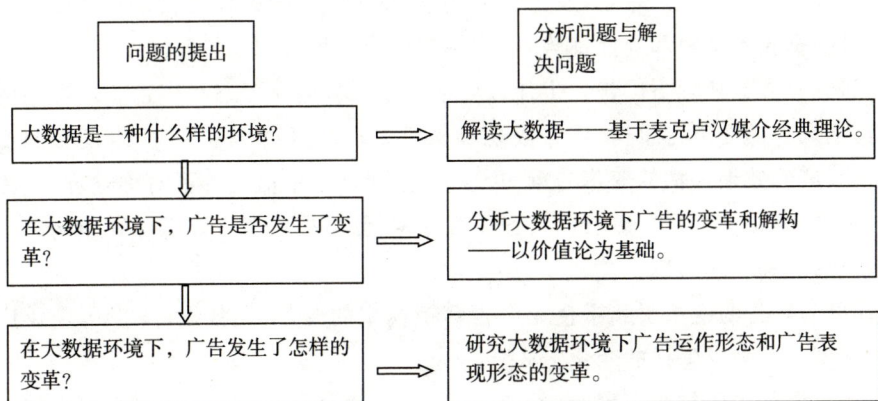

问题的提出	分析问题与解决问题
大数据是一种什么样的环境?	解读大数据——基于麦克卢汉媒介经典理论。
在大数据环境下,广告是否发生了变革?	分析大数据环境下广告的变革和解构——以价值论为基础。
在大数据环境下,广告发生了怎样的变革?	研究大数据环境下广告运作形态和广告表现形态的变革。

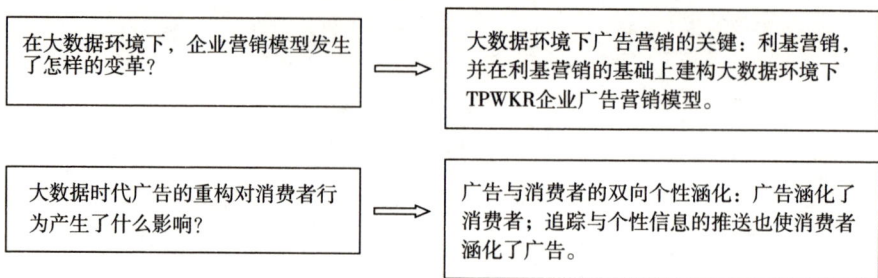

| 在大数据环境下，企业营销模型发生了怎样的变革？ | ⇒ | 大数据环境下广告营销的关键：利基营销，并在利基营销的基础上建构大数据环境下TPWKR企业广告营销模型。 |

| 大数据时代广告的重构对消费者行为产生了什么影响？ | ⇒ | 广告与消费者的双向个性涵化：广告涵化了消费者；追踪与个性信息的推送也使消费者涵化了广告。 |

1.1.2　基本思路

技术影响媒介，媒介影响媒介广告，首先分析大数据技术的变革，其次分析技术因素所引起的媒介环境的变革，最后分析在这种媒介环境中广告的变革，包括广告表现形态的变革、广告运作形态的变革、企业广告营销模型的变革。

第一，研究大数据环境是一种什么环境？

以麦克卢汉媒介经典理论解读大数据。认为大数据环境网络媒介中的大数据技术因素：海量信息；"可读可写"的交互式内容；"追踪定位"的大数据。以麦克卢汉媒介经典理论（第一，媒介是人体的延伸；第二，部落化社会；第三，冷热媒介）来解读大数据环境下的网络媒介。

第二，研究大数据环境下广告是否变革？

大数据时代的网络媒介比传统媒体有更大的优势和价值。以价值论和使用满足理论分析大数据媒介的价值优势，进一步分析传统广告没有体现大数据媒介的价值优势，因而传统广告的解构是一种必然，也是符合价值规律的。传统广告必将变革和重构，大数据广告不可避免地产生。大数据广告有更高、更新的价值，能更好地满足消费者或广告主的需求。

第三，大数据环境下广告发生什么变革，发生变革的大数据因素是什么？ 如何利用大数据技术优势和媒介优势，建构最有价值和优势的广告？

研究大数据环境下广告发生什么变革——广告运作形态和广告表现形态的变革：市场调查的变革与重构、广告表现和信息设计的变革与重构、广告发布的变革与重构、广告效果评估的变革与重构。以信息经济学中信息的不对称性理论、囚徒困境理论、激励理论、筛选理论、议程设置理论、创新扩散理论等思考和建构广告新的运作形态和表现形态。

第四，广告的变革引起了企业广告营销模型的变革，大数据环境下，企业广告营销模型又发生了怎样的变化？

大数据的主要技术因素：海量信息搜索、可读可写可交互、个体追踪定位。个体追踪定位产生了"利基营销",大数据广告营销的关键在于——利基营销。以顾客感知价值和使用满足理论分析大数据时代"利基营销"及其过程。

个人行为越来越被跟踪、被量化、被分析、被预测,企业在决策时利用数据优化现实操作和行为,越来越精准地服务于更多的消费者。大数据通过对消费者需求的追踪与分享,可以从更窄的角度细分市场、寻求独特利益组合的消费者群体,可以不断细分市场,直到细分至个体消费者。利基就是指从更为狭窄的角度定义,寻求独特利益组合的消费者群体。大数据时代,利基营销的本质在于更好地追踪和了解个体消费者的需求,并为个体定制个性化产品和服务。大数据和互联网正在将大规模市场转换成无数的利基市场。

广告的变革引起企业营销模型的变革。在利基营销的基础上,以菲利浦·科特勒的"购买的五阶段模型"为起点,建构大数据环境下企业广告营销模型TPWKR。它可以降低信息的混乱、无序程度,提高系统的有序性和有效性,使消费者和企业都最大效益化。大数据环境下企业营销模型是一个自适应的耗散结构。

第五,大数据时代广告的重构对消费者行为和思想的影响。

大数据时代广告的重构能为企业提高利润和效益,为消费者的正向选择提供有价值的信息。但从思想和行为上,广告也涵化着受众,这种涵化是否有负面因素和影响?

1.2 研究的学术价值和实践意义

1.2.1 研究的学术价值

(1)大数据技术的进步造成了媒介的变化,影响了广告的变革。本书分析和建构了大数据环境下广告新的表现形态和新的运作形态。

(2)大数据环境下广告的传播是以 Web3.0 技术为基础的利基营销,这是大数据环境下广告营销的基础和关键,利基营销有五个阶段:追踪、分享、个性定制、刺激购买、关系。

(3)大数据环境造成了消费者消费行为和心理、习惯的变化,以大数据环境中消费者行为变化为中心,以信息熵理论为分析框架,提出了大数据环境下企业新的广告营销模型——TPWKR。

1.2.2　研究的现实意义

（1）本书所提出的利基营销——追踪、分享、个性定制、刺激购买、关系等可以成为大数据环境下企业的基本营销和关键点；企业还可借鉴新的广告营销模型——TPWKR 开展广告和营销活动。

（2）帮助企业建构新的广告表现方式和新的广告运作模式。三种新的广告表现方式可以成为企业主要的广告表现形式和信息设计方式。新的广告运作模式重构了传统广告运作模式中的市场调查、广告媒体发布和广告效果评估的内容。

1.3　国内外研究现状

1.3.1　国外研究现状

综合分析国外大数据对人类行为、企业营销和企业广告的影响，有以下几方面的研究：

第一，由大数据对人类思想行为的影响而产生的企业营销的变革。

以大数据对人类生活、工作学习的颠覆性革命入手，阐述了大数据改变人类思考世界、理解世界、改造世界的方式，从而引出大数据对于人类社会在政治、管理、经济、教育等多方面的变革。舍恩伯格（2013）认为大数据有三个重大的思维转变：由因果分析到相关关系分析法；由精确性到混杂性；由随机样本数据到全体数据。并且他认为大数据在重塑我们的生活、工作和思维方式[1]。发展的障碍在于数据的"流动性""对应性""可靠性"和"可获取性"。大数据从量变导致质变，物理学和生物学都告诉我们，当我们改变规模时，事物的状态有时也会发生变化[2]。使用数据的不同，结论可能会有差异，因此，对于信息而言，数据的规模非常重要。企业之所以可以预测消费者行为，在于供其分析的关于消费者个体的庞大数据项。大数

---

[1]　维托克·迈尔-舍恩伯格,肯尼思·库克耶. 大数据时代,生活、工作与思维的大变革[M]. 盛杨燕,周涛,译. 浙江人民出版社,2013:5.

[2]　维托克·迈尔-舍恩伯格,肯尼思·库克耶. 大数据时代,生活、工作与思维的大变革[M]. 盛杨燕,周涛,译. 浙江人民出版社,2013:14.

据的核心是分析并预测①。在大数据时代我们能够预见未来并预测人类的行为观点,这种数据——预测的创新性的变革思维昭示着大数据时代人类社会、工作、行为、思维方式等变革的必然性。艾伯特-拉斯洛·巴拉巴西(2013)认为在宏观环境中分析大数据力量给商业领域带来的变革,启发人们对互联网广告在大数据环境下变革内容进行深入的思考和研究②。

第二,大数据对广告运作、表现和企业营销的影响。

Martin Klubeck(2013)阐述了量化分析体系的构成,以及如何帮助企业运用大数据建立科学性系统性的量化分析体系,并提出了数据背后的主要价值和挖掘数据价值的重要性,如何将数据转化成信息,再由信息转换成决策,从而为企业提供提高绩效的成功指南③。

麦德奇(2014)提出怎样利用数据辨认出最具有价值和利润最高的客户,并提出如何用最直接有效或间接有效的方法接触这些客户,说服和引导他们,从而增加他们的购买力。麦德奇提出应该判断哪些客户是因为迫切需求和时间的紧迫而购买、哪些客户是因为公众口碑购买、哪些客户是因为媒体广告购买、哪些客户是因为价格适合(高价格或低价格)购买。他认为,终身价值模型(lifetime value model)可以预计出客户的长期价值和价值的终身存在性,而防损耗模型(anti-attrition model)则被用来预计一位客户有多大可能失去积极性,最后不再购买的可能。他提出了优化营销配置可能带来最高的回报。他认为以最新的技术优化销售和营销。④

马修·E.梅(2003)的"精简能提高效率"提出了六项法则:无形之物往往胜过有形之物;最简单的规则缔造最有效的经验;有限的信息能激发无限的想象力;明智的约束更能激发创造力;打破常规才能取得突破性进展;行动不一定胜过按兵不动⑤。

唐·舒尔兹(2014)提出了关于市场营销传播的新理论——SIVA理论,即解决方案(solutions)、信息(information)、价值(value)、途径(access)。这一革命性的概念,将消费者置于营销流程的起点,认识到消费者意见和消费者参与的重要

① 维托克·迈尔-舍恩伯格,肯尼思·库克耶.大数据时代,生活、工作与思维的大变革[M].盛杨燕,周涛,译.浙江人民出版社,2013:14.
② 艾伯特-拉斯洛·巴拉巴西.爆发:大数据时代预见未来的新思维[M].马慧译.中国人民大学出版社,2012:5.
③ Martin Klubeck.量化:大数据时代的企业管理[M].吴海星,译.人民邮电出版社,2013:5.
④ 麦德奇,保罗布朗.大数据营销定位客户[M].王维丹,译.机械工业出版社,2014:20.
⑤ 马修·E.梅.精简——大数据时代的商业制胜法则[M].华驰航,译.中信出版社,2013:11.

性,也认识到了价值是由消费者与制造商和销售商共同创造的①。

抓取、存储并对海量数据进行分析,然后据此进行分析和预测的能力,就是"大数据"应用分析。大数据颠覆了市场营销,世界被感知化、互联化、智能化,个人行为不仅能够被量化搜集、能被预测,而且个人观点的表达能够改变商业世界和社会运行。在媒体优势的作用下,个体的商业价值和个人观点得到了无限表达。个体的价值得到了充分保护、张扬和发挥。一方面,大数据时代让消费者成为商业行为的中心点;另一方面,技术让企业满足所有客户个体的所有需求成为可能——搜集客户的个性化信息和需求、根据需求推送相关产品和促销信息、提供跨渠道的客户购买体验、一对一的客户关系打造,可以将长尾理论中所讲的较分散、获取难度高的那一部分挖掘出来②。大数据技术打造 SOLOMO 模型(社交、位置、移动互联相结合),通过追踪人们的搜索行为,精准地记录下人们搜索内容、媒体、时间,并以此预测消费行为。同时,大数据获取等量信息的能力和价格都在下降,这使大数据的普及更快。传统营销是锥形结构——关注、兴趣、渴望、记忆、购买,而新媒体的营销模式形成了哑铃形结构——关注、兴趣、搜索、购买、分享与口碑传播。

丽莎·亚瑟(2014)提出了"数据驱动营销"——以驱动客户参与为目标,在洞悉结构性和多元结构性公司数据的基础上所进行的搜集、分析和执行③。比约·布劳卿(2014)认为大数据将成为营销决策最重要的基础。提出如何利用"线上行为锁定"预测客户行为,挖掘潜在商机,开拓新的市场。而用户也将这些广告视为一种有用的信息,并不是打扰。比约·布劳卿认为信息获取的边际效用递减,并认为客户隐私的"数据合同"基于四项原则:数据安全、透明度、客户利益、相称④。

Chuck Hemann,Ken Burbary(2014)将媒体分为付费媒体、免费媒体和自有媒体,每种媒体有不同的社交指标,对不同媒体进行社会化媒体监听——搜索分析、内容分析和受众分析、参与分析;提高用户服务质量,进行社会化客户关系管理,数字数据的发展趋势是商业智能⑤。

Gert·H. Laursen(2013)提出了"单流程的阶梯模型""多流程平均的阶梯模型""鲸模型"和"基于价值的客户细分"。并分别从"社会化媒体""社交网络""商业分析""精确营销"的角度思考如何架构 BI 平台和 BA 体系,如何制定自己的社会

① 唐·舒尔兹. SIVA 范式——搜索引擎触发的营销革命[M]. 李丛杉,译. 中信出版社,2014:7.
② 《哈佛商业评论》增刊. 大数据时代的营销变革[M].《哈佛商业评论》出版集团,2014:89.
③ 丽莎·亚瑟. 大数据营销[M]. 姜欣等,译. 中信出版社,2014:66.
④ 比约·布劳卿,等. 大数据变革[M]. 沈浩,译. 机械工业出版社,2014:23.
⑤ Chuck Hemann,Ken Burbary. 数字营销解析[M]. 宫鑫,等译. 人民邮电出版社,2014:34.

化媒体策略并进行社交网络分析,实现精确管理、精准营销、销售和服务[①]。

1.3.2 国内研究现状

在中国知网中以"大数据"并含"广告"为关键词进行检索,共得到约 118 条记录。再次在中国知网中以"大数据"并含"营销"为关键词进行检索,共得到约 661 条记录。通过整理归类上述文献资料,主要总结出以下几个方面的内容:

1.3.2.1 从大数据时代广告生态的整体变革方向出发,概述大数据对广告传播、营销体系、产业转型的影响

(1)广告传播研究:倪宁(2014)认为新媒体场域中广告传播如何能够实现精准——目标受众精准定位、消费需求深度挖掘、投放过程精准可控、广告效果精准评估。[②] 他认为大数据驱动下会使广告更加精准,而新的广告传播策略——广告目标转变为"效果为王";善于利用技术手段提升广告体验;营销方式上善用内容营销和关系营销提升传播效果。姜奇平(2012)认为"未来的广告,对于不同的人,是不同的内容,挖掘消费者不同的个性化需求。"[③]张文锋(2014)认为互联网广告的运作应从"以媒体为中心"转向"以消费者为中心",从"创意驱动"转向"技术、创意共同驱动",同时,还要意识到广告传播的边界在趋于消融。[④] 谭辉煌(2015)认为大数据广告"其一是进一步朝着泛形态化生存的方向发展;其二是资讯化的趋势更加明显;其三是广告的运作形态走向数据化。"[⑤]刘志杰(2015)认为大数据环境下,媒体的广告经营理念需要从受众数量向受众数据转变,广告资源将由捆绑销售转向分割销售,广告效果的测评从事后测评为主向即时测评转变。[⑥] 张辉锋(2014)认为情境是消费者所处的特定时空以及与该时空有关的各种因素的集合体,如果能找到情境并直接针对其投放广告,则广告效果会得到前所未有的提升;情境包括物理情境、关系情境和心理生理情境三大维度的因素;大数据技术将有助于准确定位目标消费者的物理情境、关系情境,并预测其心理和生理情境。[⑦]

① Gert • H. Laursen. 精确营销方法与案例:大数据时代的商业分析[M]. 漆晨曦,林清怡,译. 人民邮电出版社,2013:50.

② 倪宁. 大数据时代的精准广告及其传播策略——基于场域理论视角[J]. 现代传播,2014(02).

③ 姜奇平. 从精准到推荐:大数据时代重构网络广告商业模式[J]. 互联网周刊,2012(10).

④ 张文锋. 大数据时代广告变革、可能、边界及趋势[J]. 广告大观(理论版),2014(06).

⑤ 谭辉煌. 大数据背景下广告的形态变迁、价值和产业转型[J]. 临沂大学学报,2015(02).

⑥ 刘志杰. 大数据环境下传统媒体广告经营创新[J]. 中国出版,2015(01).

⑦ 张辉锋. 消费者情境挖掘:大数据时代广告投放的新水平[J]. 西北大学学报,2014(07).

（2）大数据时代营销体系研究：黄开民（2012）认为大数据从媒体、消费者、广告与营销战略策划、效果评估四个层面解构了传统营销体系，也重构了大数据背景之下的全媒体营销体系——信息平台的构建，包括数据信息与营销的匹配、大数据与全媒体对抽样的"重塑"、数据信息得以向数据产品的过渡、营销体系各个环节都面临着重构、全媒体营销涉及的隐私问题同样亟待解决。① 王智颖（2012）从大数据作为互联网传播独立价值的最重要一点出发，提出变革的触角将首先触及广告。大数据正在改变着传统广告的作业模式、经营模式、管理模式。② 宋志远（2013）认为中国企业要对原数据进行深度分析，要建立数据之间的联系，或以"人"的信息、"产品——编码"，转而关注相关关系，把各个渠道的数据打通，找到数据的相关关系。③

（3）产业转型研究：从微观信息传播层面和宏观产业格局层面论述了大数据对广告业生态产生的深远影响。李亦宁（2014）认为广告业大数据的意义在于对数据进行专业化处理，将"人"作为追踪传播核心，并运用信息技术来实现人的价值。以数据为导向：广告业发展趋势在于数据与媒介深度结合、跨媒介整合营销、传统广告公司战略转型、广告学科融合性增强、"大众—分众—个众"的演进，让广告内容"去广告化"，走向"信息化""数据化"。④ 邓若伊（2014）认为广告产业的五个转型在于，运作方式从粗放走向细腻；精确营销从群体走向个体；私人订制从理念走向实务；虚拟销售从局部走向整体；广告经济从眼球经济走向内涵经济。⑤

1.3.2.2 讨论大数据时代产生的新型网络广告——RTB广告（实时竞价广告）

张凤萍（2014）认为供应方平台、需求方平台、数据管理平台与RTB（实时竞价）技术结合在一起便形成了开放的广告交易平台，即一个能够将供应方和广告商联系在一起的网络广告市场大平台通过准确定位、提高效率、降低成本来解决广告主所面临的营销问题。在这个过程中，各产业链环节的分工也更加精细化。⑥

---

① 黄升民. 大数据背景下营销体系的解构与重构[J]. 现代传播，2012(11).
② 王智颖. 大数据如何改变广告[J]. 中国广告，2012(12).
③ 宋志远. 大数据关联营销[J]. 新营销，2013(10).
④ 李亦宁. 大数据背景下广告产业生态的嬗变与重构[J]. 当代传播，2014(03).
⑤ 邓若伊. 大数据背景下广告运作转型分析[J]. 新闻界，2014(11).
⑥ 张凤萍. 大数据时代的网络广告模式——基于RTB的网络广告市场运作模式分析[J]. 编辑之友，2014(04).

朱妍(2013)分析 RTB 广告的运作原理,以及 RTB 广告中的新角色和 Ad exchange、DSP 等技术平台的作业流程,并提出 RTB 广告的优势,分析技术广告更加贴近受众的原理,最后对 RTB 广告是否将取代传统广告提出猜想。[①]

1.3.2.3 大数据环境下其他行业的营销启示及变革

宋磊(2014)将大数据营销与出版业相结合,提出出版全产业链的大数据营销以及在应用过程需注意的几个问题,包括思维方式变革、大数据的保鲜及优化等。[②]

1.3.2.4 信息熵在广告和企业广告中的运用

广告是企业用来与目标消费者沟通和说服目标消费者的工具之一,是向目标受众输出负熵(信息)的过程,目标受众通过负熵的输入,减少了目标受众对企业、商品或服务信息的不确定性,降低了认知系统中的熵和混乱程度。熵的减少意味着目标受众对企业、商品或服务等信息有序的增加。宗煜(2006)认为目标受众认知系统的广告熵值是处于不可逆的增加状态,因此企业要持续对目标客户进行有效的负熵输出。[③]

以熵理论阐述新媒体广告的潜在危机和未来发展。张伟博(2013)认为新媒体广告中已蓄积大量的无效信息和能量,新媒体的熵已经很高,信息传播存在很大的无序性、混乱性和无效性。无价值的信息导致了信息过剩和不确定性,导致了熵的升高,而熵的升高会不可逆转地对新媒体广告和新媒体本身产生影响,若没有大量负熵的进入,使熵降低,新媒体将最终走向"热寂",大众对这种"混乱和无序"将失去兴趣,最终这一新媒体将走向衰亡。[④]

花家明(2011)认为生命界系统从无序向有序转化,是熵减过程。信息传播系统也是熵减过程。根据申农的解释,信息熵所反映的系统运动过程和方向是由无序、不确定性(高熵值)向有序、确定性(低熵值)方向发展的。[⑤]

国内系统研究大数据环境下广告变革与重构的比较少。本书以大数据环境中技术的变革——Web1.0—Web2.0—Web3.0 的变革所带来的媒介变革引发的广告变革为主线,抓住大数据环境中的技术因素——Web1.0 的海量信息搜索、Web2.0 的"可读可写可交互"、Web3.0"追踪定位"促使广告发生的变革及如何发生变革这一关键点,分析建构市场调查—广告策划—广告表现—广告发布—广告

① 朱妍. 广告实时竞价:效果好又省钱[J]. 重庆商报,2013(06).
② 宋磊. 大数据营销——新媒体环境下出版业营销新启示[J]. 编辑之友,2014(10).
③ 宗煜,徐红琳. 广告的熵研究[J]. 商场现代化,2006(12).
④ 张伟博. 熵——另一个角度解读新媒体广告的未来[J]. 文化与传播,2013(10).
⑤ 花家明. 基于熵与冗余视角谈中国当代广告文化意蕴[J]. 商业经济研究,2011(34).

效果评估在大数据时代的变革和重构。分析大数据环境下广告新的运作形态和新的表现形态。大数据时代广告的变革,使企业营销模型也发生了变革,分析建构大数据技术因素的变革如何引起企业营销模型的变革。Web1.0的海量信息搜索可以建构企业所需求的无限数据和用户资源;Web2.0的"可读可写可交互"可以提高消费者对企业内容的参与程度,更好地推广产品,建立关系;Web3.0的"追踪定位"可以实现精准营销,减少信息的无序和混乱程度,一对一的个性定制和推送使系统更有序,熵在减少,负熵在增加,优化信息结构,帮助企业和消费者作出最优决策。

1.4 主要研究目标和基本内容

1.4.1 主要研究目标

大数据环境中技术的变化促使消费者的消费行为、习惯和心理都发生了巨大的变化。因而广告的运作形态、表现形态和企业的营销方式都发生了巨大的变革,本书主要研究大数据环境下广告的运作形态和表现形态的变革,以及企业广告营销模型的建构。

1.4.2 基本内容

1.4.2.1 解读大数据环境下的网络媒介——基于麦克卢汉媒介经典理论

大数据技术的变革影响了大数据媒介的变革,大数据媒介的变革影响了大数据广告的变革。因此有必要从研究大数据媒介的变革开始,来研究大数据广告的变革。因为媒介的变革对广告的变革有着直接的影响。麦克卢汉认为"一切媒介的内容是另一种媒介"。大数据时代,网络媒介有三个内容:第一是海量信息内容;第二是"可读可写"的交互式内容;第三是"追踪定位"的大数据。网络媒介从Web1.0的"海量信息搜索"的"搜索式网络媒介",发展到Web2.0的"可读可写可交互"的"交互式网络媒介",再嬗变为Web3.0"跟踪定位并推送信息"的大数据媒介。以麦克卢汉的经典媒介理论解读大数据媒介,有以下思考:第一,麦克卢汉认为"媒介是人体的延伸",大数据媒介中信息的追踪定位、推送、交互和共享使人体从"时空上"得到了进一步延伸,但这种精准信息推送单向度的延伸会进一步削弱人们理性思考的话语能力;第二,麦克卢汉认为"媒介即讯息",媒介第一、信息第二,大数据的媒介特性——"追踪定位""信息交互与共享""海量搜索"更体现了媒介本身优于信息的决定性作用;第三,媒介的决定性使人类生活经历了部落化、非部落化、重新部落化的交替和嬗变,大数据媒介社交性更强,更系统和丰富的社交网络使人们的生活重新部落化;第四,大数据时代网络媒介是参与度极高的冷媒介。

1.4.2.2 传统广告的解构:广告的演变与演进

大数据环境下技术的变革、媒介的变革、广告的变革。广告形态的演进,由基于 Web1.0 技术的搜索类广告转向基于 Web2.0 技术的"可读可写可交互"广告,再发展为 Web3.0 技术的"精准推送式"广告,是因为新媒介更有价值,新媒体广告更有价值,充分扩大和发扬了新媒体和新媒体技术的优势。事物总是要朝着更有价值的方向演进。价值主要从主体的需要和客体的满足出发考察价值是否实现及实现的程度。某事物是否有价值关键看能否满足主体的需要以及如何满足主体的需要,主要考察和评价各种物质的、精神的现象及主体的行为对其他个人、组织、社会的意义。从价值论的角度考察广告(客体)对于消费者(主体)的价值,广告(客体)对于广告主(主体)的价值,广告(客体)对于社会(主体)的价值,大数据环境的广告对于客体(消费者、广告主、社会)更有价值。

1.4.2.3 大数据时代广告新的表现形态和运作形态

大数据环境下能体现大数据三个技术优势的广告新的表现形态重构主要有:基于 Web1.0"海量信息搜索"的搜索引擎广告;基于 Web2.0 的"可读可写可交互"的议程设置参与式广告;基于 Web3.0 的"追踪定位"的利基广告。广告新运作形态的重构体现在三个方面:市场调查、媒体发布、效果评估。大数据环境下市场调查的变革与重构利用的是 Web2.0 的"可读可写可交互"进行消费者内容的筛选调查,Web3.0 技术的追踪定位调查;媒体发布的变革与重构中利用的是基于 Web3.0 的"追踪定位"、Web2.0 的"可读可写可交互"的程序化购买和公众自媒体发布;效果评估的变革与重构利用的是基于 Web3.0 的追踪定位技术的点击率、流量、转化率的评估。

1.4.2.4 大数据时代广告营销的关键——利基营销

大数据技术开发了更微小和细化的市场——利基市场,使每个消费者可以成为一个特定的目标被追踪、被满足。大数据下,基于 Web3.0 追踪定位、信息推送技术使个体的利基营销成为一种基本营销模式,也成为企业广告营销的关键。利基营销的过程有"追踪(track)、分享(share)、个性定制(customise)、刺激购买(purchase)、关系(relation)"。提出大数据环境下基于 Web3.0 追踪定位、信息推送技术和基于 Web2.0 可读可写可交互技术的"利基营销",此营销方式提高了顾客满意和感知程度。

1.4.2.5　大数据时代企业广告营销模型的建构——TPWKR

大数据环境下技术变革使广告运作形态和表现形态发生了变革,也使企业营销模型发生了变革。从传统营销阶段到大数据营销阶段,信息由被海量搜索到个性定制推送,信息的混沌性、无序性、不确定性在减少,而信息的有序性、确定性、清晰度在不断提高。TPWKR 企业营销模式可以帮助企业更好地降低熵,提高负熵。广告的效率和消费者的搜索购买效率都在不断提高,整个购买系统由于有序性、确定性——即负熵(信息)的不断注入,成本在减少,效率在提高。Web3.0 追踪定位技术下的企业推送式信息推送的是对消费者有价值的信息,增加了消费者购买过程中的确定性,大大节省了消费者的搜索成本和搜索时间,对消费者来说,推送式信息极大地满足了需求,推送式信息的价值提高,有序性增加,熵在降低;对企业来说,追踪定位功能使企业的信息推送更精准,确定性、有序性提高,节省了企业的细分成本和定位时间,同时熵也在降低。新的广告模型是一个"熵减"的过程。

提出大数据环境下企业广告营销的五阶段模型 TPWKR——T(Track consumer,追踪消费者)、P(Push customized information,推送定制信息)、W(Word-of-mouth sharing,口碑广告)、K(Key-point simulation,关键点刺激)、R(Relation and communication,关系与沟通)。

1.4.2.6　大数据时代广告对人们行为的影响:广告的双重个性涵化

大数据环境的 Web2.0 交互式、Web1.0 海量信息、Web3.0 追踪定位参与技术下的广告涵化着受众,也使受众涵化广告。第一,广告内容会涵化社会环境;社会环境又会涵化个体行为。第二,广告本身的内容涵化个体行为。传统媒介时期,广告对受众心理及行为的影响,即"广告涵化受众"。大数据时代,在 Web3.0 追踪定位技术下,广告的信息生产内容与形式均取决于受众的个性与特点,广告信息生产进入"利基"时代——即对每个不同的用户进行不同的信息生产。这样,以"用户为中心"的受众决定论其实决定了广告的信息生产,所以,从某种程度上,不仅是"广告涵化受众",也是"受众涵化广告"。广告推送与受众原有观点相符的信息,造成受众的原有认知模式的强化和进一步"涵化"。

1.4.3 研究方法

(1)文献研究法:广泛阅读并研究国内外关于大数据、价值论、信息熵、长尾理论、大数据、营销及广告类的文献资料,提炼核心观点,借鉴分析框架,研究大数据信息技术对媒介的影响,对大数据广告变革的影响。

(2)案例分析法:选择相关企业,分析其数字新媒体营销方式和策略所存在的问题或值得借鉴的优势。

(3)归纳与演绎:逻辑分析与推理、分析与综合、抽象与概括的方法。

(4)文本分析:通过分析引起轰动效应的网络议程设置内容,进一步思考能引起消费者广泛参与和讨论及议程设置广告的运作机理。

1.4.4 理论来源

1.4.4.1 麦克卢汉媒介经典理论

核心理论:技术决定媒介,媒介决定广告;媒介是人体的延伸,任何媒介都是人的器官和身体的延伸;媒介第一、信息第二,任何媒介本身都是一种信息;媒介使人由部落化到非部落化,再到部落化;冷热媒介——参与度高的媒介称为冷媒介,参与度低的媒介称为热媒介。

1.4.4.2 价值论

核心理论:价值是任何事物的存在和发展的本质理由;当事物的价值发生衰竭时,就要发生价值的转移与让渡;价值关系是人与人或人与事物之间的第一关系。

1.4.4.3 长尾理论

核心理论:技术正在将大规模市场转化成无数小市场。传统市场只有百分之二十的消费者需求得到了满足,把稀缺的资源配置给最值得的东西,也就是最流行的东西,利用大数据分析消费者行为和需求,可以将长尾理论中价值较低但比例较大的那部分消费者需求挖掘出来,使每一个消费者的需求都得到满足,让市场充分进行有效配置。

1.4.4.4 信息熵理论

核心理论:熵是信息系统中不确定性或无序状态的量度,是指信息的混乱程度,系统有序程度越高,熵值就越小;无序程度越高,熵值则越大。[1] 信息表示的是体系内的有序性、组织结构性、特异性或发展程度,是与熵对立的。所以,信息就是负熵。

1.4.4.5 创新扩散理论

扩散是一种特殊类型的传播,创新通过一段时间,经由特定的渠道,在某一社会团体的成员中传播的过程,传播的信息与一个新的观念有关,而观念之新奇度,则赋予扩散一种特质。创新意味着某种程度上的不确定因素。[2]

---

[1] 鲍际刚,等. 信息熵经济学[M]. 北京:经济科学出版社,2013:43.

[2] 罗杰斯. 创新的扩散[M]. 北京:中央编译出版社,2002:5.

2 解读大数据时代网络媒介

——基于麦克卢汉媒介经典理论

大数据技术的变革和发展影响了大数据媒介的变革和发展，从而影响了大数据环境下广告的变革和发展。所以，分析大数据环境下广告的变革和发展，要先分析大数据环境下媒介的发展与变革，而先分析大数据环境下媒介的发展与变革，要先分析大数据环境下技术的发展与变革。

大数据环境下，技术变革主要有：由有限信息存储变为海量信息存储和搜索；由互动性弱、单一有限的信息接收变为"可读可写可交互"的双向即时互动；由不可追踪性变为"追踪定位"和信息个性定制。因而，大数据环境下媒介的变革主要有：由有限信息存储（时间有限、版面有限、内容有限）的广播、电视、报纸、杂志变为海量信息存储的大数据媒介；由互动性弱、参与性弱、单一有限的信息接收的广播、电视、报纸、杂志变为可读可写可交互的双向即时互动的大数据媒介；由不可追踪定位个体受众的广播、电视、报纸、杂志变为"追踪定位"和信息个性定制的大数据媒介。

大数据媒介有三个内容：Web1.0 的"海量信息搜索"的"搜索式网络媒介"；Web2.0 的"可读可写可交互"的"交互式网络媒介"；Web3.0 的"跟踪定位并推送信息"的大数据媒介。

本章以麦克卢汉的经典媒介理论分析解读大数据媒介，有以下思考：第一，"媒介是人体的延伸"，大数据媒介中基于 Web3.0 技术的信息的追踪定位和推送、交互、共享使人体在"时空上"得到了进一步延伸，但这种精准信息推送的单向度延伸会进一步削弱人们的理性思考的话语能力。第二，"媒介即讯息"，媒介第一、信息第二。大数据的媒介——"追踪定位媒介""交互式网络媒介""搜索式网络媒介"更体现了媒介本身优于信息的决定性作用。第三，媒介的变化使人类生活经历了部落化、非部落化、重新部落化的交替和嬗变。大数据媒介社交性更强，更系统和丰富的社交网络使人们的生活在虚拟世界重新部落化。第四，大数据时代网络媒介是参与度极高的冷媒介。

2.1 麦克卢汉经典理论

马歇尔·麦克卢汉是西方传播学巨匠,他在 20 世纪 60 年代有关"地球村"的精彩预言现在已经实现。除此以外,麦克卢汉的经典理论还体现在三个方面:第一,媒介是人体的延伸,任何一种技术或电子技术都是人的感官(视觉、听觉、味觉、嗅觉、肤觉)和中枢神经系统的延伸,任何一种非电子技术都是人的肢体(眼睛、耳朵、手、脚、皮肤等)的延伸。[①] 第二,媒介即讯息,一般人认为媒介仅仅是形式,仅是信息的载体,是空洞的、消极的和静态的,也是次于信息的能动作用的次要因素,可是麦克卢汉是一个媒介决定论者,他认为媒介对信息、知识和内容有强烈的反作用,认为媒介是积极的、能动的,媒介对信息有重大的影响,它决定信息的组织方式、清晰度、结构方式和信息在不同媒介中所表达的不同意义。[②] 第三,冷热媒介。麦克卢汉将媒介分为冷媒介与热媒介。低清晰度、高参与度的媒介叫冷媒介,高清晰度、低参与度的媒介叫热媒介。

2.2 解读大数据时代的网络媒介

前文所述,大数据时代的网络媒介包含三个内容:第一是海量信息的"搜索式媒介";第二是"可读可写交互式"的"交互式网络媒介";第三是"追踪定位""个性定制与推送"的大数据媒介。根据内容分析大数据时代网络媒介的特点有:第一,大数据媒介是对用户信息进行追踪定位与智能分析的媒介。第二,大数据媒介的交互功能和定位功能使社会化媒体得到了进一步丰富和发展。大数据的交互功能可以使人们进行多空间的传播,交互信息共享和可读可写进一步提高了网络的社交程度,不仅是熟人,更是陌生人之间的社交程度。大数据的定位功能一方面可以使朋友圈内的朋友知道对方所处的位置和场景,便于沟通与交流,另一方面使个体通过定位等功能能找到最近的人,进一步丰富了社交性,提高了社交媒体在人们生活中的地位与作用。第三,大数据媒介是海量信息搜索和信息共享的媒介。下面以

---

① 埃里克·麦克卢汉,弗兰克·秦格龙 . 麦克卢汉精粹[M]. 何道宽,译 . 南京:南京大学出版社,2000:3.

② 马歇尔·麦克卢汉 . 理解媒介[M]. 周宪,许均,译 . 北京:商务印书馆,2003:1.

麦克卢汉的经典理论具体分析大数据时代的网络媒介。

2.2.1　大数据时代人体时空的进一步延伸

媒介是人体的延伸,而大数据环境下,"追踪定位""信息的推送""可读可写可交互信息""海量信息搜索"都使人体在时间和空间上得到进一步延伸。

媒介是人体的延伸,任何媒介都可理解为人体时空的延伸,一种新媒介之所以取代旧媒介,是因为延伸了人的时间和空间。文字出现之前,人类是部落化社会,信息传播受限于时空;印刷媒介出现后,信息可保存,人可以在任意时间选择阅读保存下来的信息,因而人具有了时间意义上的延伸,且印刷品可以传播到很远的地方,这使人又具有了空间意义上的延伸;电波媒体出现后,信息传播的距离进一步扩大,人可以在任何有无线电的地方接受传播的信息,因而人具有了进一步空间意义上的延伸;而大数据时代,信息即可无限存储和搜索,又可泛空间传播、多空间传播,还可随时进行个体与个体、个体与组织或组织与组织之间的交互,并且还能追踪定位个体位置和记录个体信息,因而使传受双方的人都同时具有了时间意义和空间意义上的延伸。大数据媒介人体的延伸是趋于"具有时空延展性、多空间隔离的可交互可追踪定位"的延伸。它的优越性已超越了以往任何一种媒介。这使利用和通过这种媒介所传播的广告可能极具传播优势和竞争优势。

2.2.2　大数据媒介使人在虚拟空间而非现实空间中更加"部落化"

媒介使人的行为、心理结构由部落化到非部落化再重新部落化。人类已经经历或正在经历这些变化。

第一阶段:部落化。印刷媒介发明之前,人们主要靠口头传播,要进行传播囿于空间和时间的限制,只能在一定的范围和空间内传播,也就是只能在一定的部落内传播,距离太远或时间不相同都无法接收信息。那是一个具有部落深度和共鸣的封闭社会,是一个在有限范围内、一定时间内才能进行传播的口头文化的社会。

第二阶段:非部落化。印刷术的发明和推广,使部落人疏离了听觉,突出了视觉,由听觉沟通为主转变为视觉沟通为主。这种听觉上的疏离、视觉上的集中,使人非部落化,人们要接受信息不需要在一定的空间,也不需要在必定的时间,人脱离部落,成为可以在其他时间和其他空间接收信息的非部落人。这进一步加快了打破感官平衡的进程。印刷术最重要的特征是它的可重复性和跨越空间性,这是一种可以无限生产和传达的视觉重复表述。有了印刷信息后,人们不必囿于固定的时间和空间接收信息,传播者可以把要传播的信息印刷在纸上,而接收者可在任意的时间和空间内阅读纸质信息。印刷术使人的生活非部落化。

也就是说,印刷术可以记录所传播的信息,使人类的传播由受听觉视觉有限视听范围、时空范围的部落化交流,变为相对无限时空的非部落化交流。印刷术之前,人们必须集聚在某一个地方,在有限时空内进行信息交换,有了印刷术之后,信息可以保存可以传送。而电波技术的诞生更加剧了非部落化,人们不必群居在某个地方才能接受信息,信息可以在任意时空范围内进行传播。人完全变成了非部落化的人。

第三阶段:重新部落化。网络使个体重新部落化,只不过这种部落化不是物质空间中的部落化,而是虚拟空间中的部落化。在 Web1.0 时代,海量信息搜索为互联网的主要特征,这时,人还是非部落化的。但在 Web2.0 时代,可读可写可交互为互联网的主要特征,人们在网络中,在各种社交媒体中,如社交圈、微信、QQ、微博、论坛中互换信息,即时互动,即时反馈,这时,人就变成虚拟空间中的部落人了。尤其是微信和 QQ 的出现,虚拟空间中人与人完全变成了封闭的部落人。而大数据时代,种种信息皆可跟踪定位,人在随时被监测,此时人变成一个接受定制信息,囿于定制信息的部落人。

2.2.3 大数据媒介——高度参与的"冷媒介"

高清晰度的媒介叫"热"媒介,因为它们的清晰度高,要求人参与、卷入程度低。[①] 所谓清晰度是指,媒介提供的数据资料是否完全,是否需要受众的深度参与,比如,印刷媒体中彩色人物和风景照片是高清晰度的,是热的,因为什么人在什么地方干什么,一目了然。漫画是低清晰度,是冷的,因为几笔勾勒的粗线条提供的信息很少,它要求观者自己去填充或完成图像。电视有时是冷的,因为电视给人的不仅是视觉上的感受,还有味觉、嗅觉甚至触觉上的感受——电视很容易让个体由视觉、听觉产生味觉、嗅觉、肤觉甚至冷热痛的感觉,电视在很长一段时间内成为渗透力量极强的主流媒体的秘密在于,形象和画面声音的表达蕴含了深刻的言外之意,它给物体提供的图片和文字可能都非常简洁,但其中蕴含的意思非常深刻且需要观众体会。它很容易调动观众理解、感知和想象的能力,观众在理解、感知和想象的基础上理解电视内容。所以,虽然电视只运用了人的听觉和视觉,却延伸了听觉和视觉,因为产生了味觉、触觉、嗅觉、肤觉等感觉的通感,所以,电视还延伸了人们的味觉、触觉、嗅觉、肤觉。因而,电视的参与性其实很高,是一种冷媒介。

---

① 马歇尔·麦克卢汉.理解媒介[M].周宪,许均,译.北京:商务印书馆,2003:2.

大数据媒介中主要有三种内容,一是受众搜索式信息,受众要搜索的内容一定是其感兴趣的、参与度高的内容,从这一点上看,大数据媒介的内容之一是参与度高的,清晰度低的内容,是冷媒介;二是交互式信息,这是基于"可读可写可交互"的技术特性下所产生的媒介内容,通过社交媒体和社交网络发挥作用,从这一点上看,大数据媒介的内容之一也是参与度高、分享度高的内容,也是冷媒介;三是追踪定位下的推送式信息,这种所推送的信息或广告信息都是通过数据挖掘和追踪定位获得的有利于受众并会引起受众兴趣的信息,因此,此类信息对受众较有价值,直接作用于消费者的心理或情感,使其产生购买欲望。信息本身使用度高,信息的参与度高,从这一点上看,大数据媒介也是冷媒介。

2.2.4　大数据媒介下消费者理性思考的弱化

技术革新是人的能力和感官的延伸[①],媒介是人体的延伸。报纸是眼睛的延伸,广播是耳朵的延伸,电视是眼睛和耳朵的延伸,传统互联网络是眼睛、耳朵、手和中枢神经的延伸,而大数据是对眼睛、耳朵和神经系统等人体接收系统的延伸。可以看出,大数据虽然比传统互联网更先进,不但可以"海量搜索""可读可写可交互",还可以"追踪定位推送信息",但另一方面,不断接收企业发送的有价值的定制信息,会弱化接收者个体的思考,使其成为只会接收信息的单向度的人。所以,大数据固然有它对营销和市场经济有利的一面——对企业而言,信息推送和投放更精准了;对个体消费者而言,搜索信息的时间成本降低了,效率提高了;系统精减了,资源利用率提高了。但大数据也有它对社会行为和个人思维不利的一面——进一步弱化接收者的个体的理性和思考能力。

随着大数据的深入和推广,它会深刻地影响人的思维习惯和话语结构、行为方式。人们会渐渐爱上推送,崇拜那些能读懂他们心智的技术、媒介和信息。数据的搜索、定位与定制,这种转换从根本上不可逆转地改变了公众消费的内容和意义。当推送的信息越来越精准,越来越有价值时,人们惊叹于媒介信息的精准性和有用性,会由于享受媒介信息而慢慢减弱自我思考的主动意识,因为媒介的变化带来了人们思想结构或认知能力的变化。印刷机的"统治"下,话语逻辑性强、条理清晰、严肃而有理性;电视的"统治"下,话语随意和口语性,无序、拼接,在无意义的世界中寻求暂时的逻辑和秩序,这种无序的语言只有在特定的电视语境中才能被人理

---

① ［加］埃里克·麦克卢汉,弗兰克·秦格龙. 麦克卢汉精粹[M]. 何道宽,译. 南京:南京大学出版社,2000:355.

解。大数据时代，种种的智能搜索使消费者快速获得，快速感知。信息的推达与话语的控制进一步削弱了人的抽象和逻辑思维的理性能力。大数据对人的智能分析洞察了人的心理与隐私、人的动机与欲望，广告主和营销者通过大数据技术可能获得远超于人自身对自身理解的能力。大数据对人的情感力量和理性控制都是不容忽视的。"信息的共享和交互技术"使任何有逻辑和思维能力的人都能在网络中发表信息，文字不经锤炼，有的甚至不加思考，而这些内容和文字或图片也占据着大量的篇幅，彼此都占据了过多的时间阅读。长期缺乏与经典书目和经典思想的交接，头脑中却充满了无厘头、讽刺、挖苦、调侃、消遣式的信息，也使个体的思维能力和理性话语发生了衰竭。

而且，大数据虽能培养专业人员对知识的分析管理的能力，要求专业技术人员的数据分析和理性思维，却不要求普通读者要有相当推理和判断能力，他们只要求能快速接受信息和感知信息并受到信息的引导。因此，大数据要求专业人员客观和理性的思维，却并不鼓励严肃、有序和具有逻辑性的公众逻辑和话语。专业人员具有复杂数据，复杂理性秩序，冷静与等待受众反应的耐心；而普通受众则简单感性，无秩序，非逻辑碎片化。展示给观众简单有序、有需求的信息和内容，只是为使公众获得物质、心理和情感上的满足。常常用简单趣味代替复杂连续的思想赢得数据"元媒介"的地位——一种不仅决定我们对世界的认识，也决定我们怎么认识世界的工具。所有的内容都再次以极端、幽默、调侃、消遣和娱乐的方式表现出来。娱乐和冲击也成为大数据话语的意识形态。任何内容在大数据的追踪下都必须要有一张"幽默""支持性""可爱"或可靠的"脸"，即贴近个体心灵或与原有心灵相接近的方式，再贴上"可爱的脸"的外包装。如音乐的播放，本来是一种情绪，为追踪定位个体原本就喜爱的内容，原本就吻合的一种情绪，在数据的追踪下，音乐再次在适当的时机亲近网民，为其提供了一个消遣的主题。图片的持续展现和视觉冲击，及在追踪定位技术下与观众心智和需求的吻合与贴切，使观众不由自主地保持着对图片的注意度，再一次缺乏对文字的思考和深入。大数据集合了云计算、互联网、物联网等内容，本身有着很明显的现世主义倾向，在大数据对人的本能欲望和相关需求的追踪下继续推送相关信息，深化着个体相同的欲望和需求。还有一些信息以视觉刺激消费者，因为视觉最能与触觉相连，以视觉刺激的目的是使人产生触觉得到娱乐。这种推送式的信息也可能使观众产生错觉，以为正身临其境，客观真实，其实离现实越来越远。

媒介即讯息。内涵是"媒介第一，讯息第二"。社会受到更加深刻影响的是人们借以交流的媒介的性质，而不是交流的内容。例如，"帮帮我"三个字的意思不在于这三个字本身在语言学中的语义,而在于"帮帮我"这三个字是通过什么媒介传送的。如通过人的嘴巴说出,在报纸上登出,在电视上播出,在网络中发布,所表达的意义是不一样的。其实,媒介本身获取程度的难易、费用的高低、传播的广度和深度、传播的次数等都证明了"帮帮我"这三个字的程度不同和内容不同。讯息的内容,得到的回应主要是由所用的媒介决定的。接触媒介时,重要的不是媒介的内容,而是媒介本身所产生的受众参与和卷入。更多的受众参与与卷入会使"帮帮我"的传播程度更深、传播范围更广、意义更丰富。

任何媒介的内容都是另一媒介。网络媒介的内容是大数据,大数据的内容是数据和文字、图片,包括了电视、广播等传统媒介。大数据无孔不入,跟踪定位,与人的一切传播发生关系。信息因为在大数据的精准定位与分析下显得更有用和更有价值。如果没有大数据的追踪与定位,信息也不可能如此精准和有效。这也进一步证明了"媒介第一,信息第二"媒介作用的论点。

2.2.5　微信——高参与度的冷媒介传播

微信这项创新性的互联网服务和移动增值服务,在带给企业巨大的经济利润的同时,也对人们的经济生活产生了深刻影响。主要是以"玩"、以"聊天"为产品定位的网上工具,集聊天、交友、短信、游戏、贺卡、商城、手机炫铃、视频、查阅资料、储存信息为一体的网上传播手段。腾讯只要架起一根细细的网线,我们就可以坐在属于自己的空间里,对着电脑屏幕和认识或不认识的朋友进行点对点、"面对面"的实时交流,发送信息,互换礼物,畅游在虚拟的网络世界,不亦乐乎。

2.2.5.1　微信——"冷媒介"高参与度的多种传播方式分析

模式是对某一事项或实体进行的一种直观的、简洁的描述。模式的定义是"对真实世界理论化和简约化的一种表达方式",是"一种符号的结构和操作的规则,它用来将已存在的结构或过程的相关要点联系起来",模式"对于了解更复杂的过程是不可缺少的"。

(1)整体传播是由无数个这样的单元组成的,这是一个复杂的整体互动传播模式。整体互动传播模式中的对象既是整体的又是互动的,他们相互沟通,互换信息,相互创造,共同理解,共享信息。这个整体互动传播模式抛弃了传播的单向性、被动性,表现了传播的双向性、互动性、能动性、多向性和复杂性。而网络微信的传播正是这样一种传播模式。(有替代者出现,是因为人们使用网络微信,一个号码就是一个身份。利用微信聊天,两个微信号下即可能是一对一的传播,也可能是一对多的传播,还可能是多对多的传播)

(2)网络微信传播模式特点分析:从上述微信传播模式中,我们认为微信传播模式的特点主要有以下几点:

一是五种传播相结合:人内传播、人际传播、群体传播、大众传播与网络传播相结合。本模式中,包括五个系统,即人内传播系统、人际传播系统、组织传播系统、大众传播系统、网络传播系统。

① 人内传播系统:从事传播的双方即传播者和受传者都可以被看作是一个个体系统,这些个体系统各有自己的内在活动,这是一个人内传播的过程。同时,一个人还可以拥有不同的微信号,以不同的身份上网,甚至可以自己与自己聊天,这体现了人内传播,即自我传播。

② 人际传播系统:个体系统与其他个体系统相联系,形成人际传播。即是传播者又是接受者,他接受系统信息,接受他人信息,同时又是传播者,传播信息给他人,实现一对一的传播、一对多的传播或多对多的传播。他可以与网上在线或不在线的任意一个有微信号的人联系,既可以群聊,也可以私聊。

③ 组织传播系统:在个人微信里,会设置一个一个的群体,便于识别与聊天。对于好友比较多的微信使用者,也可以将好友进行分组或者是建立群组织,这体现了组织传播。另外,腾讯公司还设有微信系统广播,一打开微信,系统广播便会自动弹出,对在线网民传播信息,这体现了组织传播。

④ 大众传播系统:作为接受者,可以接受系统信息,还可以通过链接进入相关网站,接受大众传播媒体的信息,并做出反馈。

⑤ 网络传播系统:一个微信号后面代表一个或多个受众,任意一个受众既与其他受众沟通,又与大众传播媒体沟通,这里面既有人际传播、组织传播又有大众传播,是一个非常复杂的网络传播系统。

二是二级传播与多级传播相结合,大众传播系统中信息的把关人作用逐渐削弱。二级传播或多级传播与一级传播相对,是指信息经过两层或多层传播到达受众,在这个过程中,接受信息的人不断地把信息传播出去,层层传播,影响越来越多的受众。传播给他的好友或进入他微信号的陌生人,这些人再通过微信传播给其他人,这是一个二级传播或多级传播的过程。把关人,传统意义上是指"大众传媒中可以决定什么性质的信息可被传播、传播多少以及怎样传播的人或机构"。

2.2.5.2 微信——冷媒介传播的自我把关与平等性、自主性、延时性

微信传播中他人把关的现象弱化,自我把关现象明显,因为对于个体而言,与人聊些什么,取决于个体,他自己就是信息的把关人。而组织传播中,微信群聊传播同样也由把关人以娱乐性、新闻性和刺激性为准则,对信息进行审定、比较,决定

增删,确定形式。微信传播是高参与度的"多媒体"传播,具有平等性、参与性、自主性和延时性的特点。

微信功能主要是聊天,所以其传播的核心是语言和非语言。语言主要是文字,非语言则指网络表情、视频、画面、声音等。网络表现中的体态、表情、网络服装及发型都是重要的非语言符号。而通过视频进行沟通则更体现了非语言符号的重要性,这些都传递着传播者的情绪、个性、素养等重要的相关信息。非语言符号与语言符号共同传播信息,是一种生动的"多媒体"传播。微信传播具有实名性,通常认识或熟悉的人才加微信,从这个意义上说,微信是现实场景的延伸。微信传播具有平等性,正是因为微信不受时空限制,虚拟面对面使微信聊天更为随意,避免人际传播中面对面交流的紧张感,传播更具有平等性。微信传播具有自主性,因为传受双方可以选择聊天对象,还可以将不愿交往的对象列入"黑名单"。另外,微信传播还具有延时性的特点,这是因为如果用户不在线,传播者可以留下信息,直到对方上微信时才能接收到,再反馈信息给传播者。

2.2.5.3 微信传播的 SWOT 分析:社交平台与电子商务平台

微信互动性强、参与程度高、价格低廉,是集人内传播、人际传播、大众传播、组织传播和网络传播为一体的传播过程。受众能够从聊天中获得娱乐,精神慰藉,参与程度高,互动性强,从受众理论来看,属于"受众参与论"。另外,微信传播价格低廉,基本服务免费。大量电子文件在微信上,只需按一下鼠标,就可以轻松完成,省电话费、轻松简便。

可以利用多个微信多点联系、互不干扰,并且提供相对隐身功能,可以延时回复信息。极具个性化功能。比电话便宜,比邮件快捷。网上在线者互不干扰,而且办公室人员也互不干扰,可称得上文明时代的无纸办公模式。

朋友圈个性化功能,足以令大部分网民倾心。自媒体信息的发布与他媒体信息的阅读,使微信成为目前最大的社交平台。

微信钱包的第三方服务功能,大大方便了消费者的日常生活和理财。如火车票机票、滴滴出行、京东优选、美团外卖、电影比赛、吃喝玩乐、酒店、单车、58 到家、唯品会等。这使微信不仅局限于社交平台,还成为一个电子商务平台。

3 大数据时代传统广告的价值解构与价值重构

3.1 大数据时代广告的价值

价值论主要从主体的需要和客体能否满足及如何满足主体需要的角度,考察和评价一个物体对另一个物体的意义。价值关系是一切社会关系的核心内容,也是一切利益关系的核心内容。

人类主体之间所建立的社会关系是多种多样的,但最根本的关系是利益关系,尤其是经济利益关系,其他社会关系都是利益关系所派生出来的,如亲情—利益关系、友情—利益关系、爱情—利益关系、陌生人—利益关系、合作体—利益关系等,各种感情在本质上都是为利益关系服务的,亲情、友情、爱情都是一种爱和被爱的利益,其他的共同体或个体合作关系是物质或精神的利益关系。人们之间的利益关系实际上就是一种价值关系,因此,价值关系是人类一切社会关系的基础和核心。而价值存在于主客体的关系之中,任何事物本身并没有价值,只是因为对于客体有意义,因而便有了价值。广告的价值也在于主客体之间的意义和价值关系,即广告对受众有何价值、广告对广告主有何价值、广告对媒介有何价值、广告对社会有何价值等。也就是说,价值在于主客体的互动关系,广告因为对客体——受众、媒介、广告主或社会有了意义而使广告具有了价值。下面分别从三个维度来分析传统广告的价值变迁。

3.1.1 广告——受众价值

人们接收广告关键在于此广告对受众有何价值,广告对受众的价值有信息价值、娱乐价值、社交价值,而这些价值在大数据环境下都得到了提升。

(1)信息价值是指广告本身的信息对于受众的意义。传统广告通过市场细分,细分出具有相似需求和个性爱好的目标消费群体,并向这部分目标消费群体投入广告,但广告的投入并不精准,也就是说,传统广告只能做大致的市场细分,广告信息对于受众的意义和价值并不充分。而大数据的 Web3.0 的追踪定位技术可以"追踪"与"定位"目标消费群,技术的优势赋予大数据广告无可比拟的受众价值,推送式的广告信息恰恰解决了消费者目标存在的问题或满足了消费者正好需要满足的需求,广告对于受众的信息价值提高了。另外,传统的信息市场的市场细分也需要一定的时间,市场细分的有效度不高,时效性较强,也就是说,消费者具有可变性,这一时间段的有效市场细分不一定适用于下一个时间段的市场细分。大数据环境下的市场信息推送是一对一的个性定制,追踪的就是消费者的可变性和动态性,且根据消费者的可变性和动态性来调整和更换推送信息,广告对受众的信息价值更高了。

大数据环境下网络广告主要有三种:基于 Web1.0 技术的搜索类广告、基于 Web2.0 技术的"可读可写可交互"广告、基于 Web3.0 的追踪定位"精准推送式"广告。基于 Web1.0 技术的海量信息搜索,可以使消费者搜索到海量广告信息,且可容纳海量广告信息,这是传统媒体广告版面或时间的有效性所无可比拟的信息价值和信息优势。基于 Web2.0 技术的"可读可写可交互"广告,使个体可以与其他任意受众做广告信息的互动与分享,跨越时空,且具有"多空间交互"性——同时与不同的个体或组织交互信息,不仅可读广告信息,还可写广告信息,形成口碑与共享,这也是传统媒体广告无可比拟的信息价值和信息优势。基于 Web3.0 的追踪定位"精准推送式"网络,较前两个阶段,广告信息更加真实有效、精准个性。Web1.0 阶段,消费者海量广告信息的搜索也带来了海量信息的冗余,大量信息即无用也无价值,信息熵不断增加。Web3.0 技术,追踪定位功能下的企业推送式,信息推送的是对消费者有价值的信息,增加了消费者购买过程中的确定性,大大节省了消费者的搜索成本和搜索时间;节省了企业的细分成本和定位时间,新的广告模型是一个"熵减"的过程。每一种广告形态的变迁和演变都不断扩张了广告的信息价值,使消费者或广告主获得更大程度上的信息满足。

(2)娱乐价值是指广告本身作为一种文化产品对于受众休闲、喜乐的意义和价值。部分受众观看此类广告愉悦了身心,释放了压力,广告成了一种精神舒缓剂。传统广告通过传统的市场调查与细分方式,细分出企业产品所对应的消费群,通过问卷、观察、访谈、投射等市场调研方法研究这部分目标消费群体的个性、爱好、媒介接触频率与选择习惯,在广告中出现这部分消费者所喜好的元素,以获得消费者的部分认同,使消费者因认同了广告中与自己认知体系相符的元素而爱屋及乌地认同整个广告。但传统的调研方法的效果十分有限,在调研中,有时消费者出于个人隐私等角度的考虑并不配合甚至误导营销者,因而广告的设计和创意与消费者原有的知识体系和经验体系并不相符。也就是说,传统广告不能获得消费者的选择性认同,也就不能起到娱乐的效果和作用。大数据环境下,基于定位追踪和数据挖掘分析的技术,营销者能生产与消费者需求相符合的产品并推送产品信息,而且推送产品的方式和方法也是与消费者的认知体系与经验体系相符的,可以在很大程度上获得消费者的选择性认同,因而更具娱乐性。

(3)社交价值是指广告对于受众的社交作用。有些广告对消费者而言形成了一种"谈资",或形成一种信息的分享。通过广告内容,受众可以在短时间内构建一个"信息圈",在信息圈中与朋友交流,这样,虽然广告并未体现出其商业价值,却体现出社会价值。如微信朋友圈的广告,互为好友的消费者可以点击评论、点赞。在微信朋友圈中,广告主无异于成为朋友圈中的一员,可以与朋友圈内的消费者互诉感想,点赞点评。大数据时代,微信、QQ等社交媒体构建了一个更利于社会交往的圈子,而广告主可以很轻易地成为社交朋友圈中的一员。因而,大数据时代,广告更具有社交价值了。

(4)时空价值。技术革新是人的能力和感官及肢体的延伸,在不同的技术革新的引导下,产生了不同的媒介:

第一是口头媒介,口头媒介是一个具有部落深度和共鸣的封闭社会,是一个受听觉生活支配,由听觉生活决定的口头文化的社会,因为口语传播的空间和时间范围都非常有限,人们只有在一定的时间内聚集在一定的空间中,才能进行传播,这就决定了人类社会在口头媒介时代只能是一个部落化社会,时空价值有限。

第二是印刷媒介,拼音文字使部落人突出了眼睛的视觉,疏离了听觉,视觉让人卷入,听觉让人疏离,口头媒介要弥补听觉的疏离,使人非部落化,印刷媒介不再有听觉,只有让人卷入的视觉,使人脱离部落化,视觉的卷入让信息可以传播到很远的地方,也不再受时间的控制,因而人类社会自印刷媒介起由部落化变为非部落化。活字印刷的推广,进一步加快了打破感官平衡的进程。视觉被印刷术剁成了字钉一样的东西,理性而有序。但印刷术最重要的特征是它的可重复性,这是一种可以无限生产的视觉性表述,时空价值得到了伸张。

第三是电波媒介。电波媒体将人从时间和空间中解放出来,在任意空间和选择性时间中接收信息,人依然是疏离于部落的非部落人。电波媒介是电报广播、电影、电话、电脑和电视,它们全都使我们的一种功能、感知或肢体得到延伸,提高和外化我们的整个中枢神经系统,使我们进一步产生通感,通过视觉、听觉产生了味觉、嗅觉和触觉,时空价值进一步提高。

第四是网络,网络使人重新部落化。QQ群、微信群等网络社交媒体都是网络部落化的体现。但这种重新部落化主要指虚拟空间中的部落化。在实体物理场景中,仍然是非部落化。大数据时代网络媒介的追踪和定位分析技术使个体在部落化的同时又可以非部落化,部落化是指通过数据定位追踪,媒体可以把某些方面相似的人集聚起来形成群化社会,另一方面媒介对个体的定制研究又可进行一对一的传播,使个体进行非部落化生存。大数据使一切传播系统发生转换。大数据使人们的社会关系从点形成无限多个部落,使人获得了时间和空间上的延展,以及更多的自由,使个体既可以选择部落化的生存方式,又可以选择非部落化的生存方式。人在媒体上生存的时间与空间更加延展了,时空价值得到了最大提升。

从以上广告对受众具有的四种价值来看,大数据环境下广告对受众的价值最大,使用、满足程度最高。传统广告时期,受众被动地接受广告,然而,大数据时代,在 Web1.0 技术之下,受众是主动的,可以主动地搜索广告,主动地接收和存储相关的广告信息。受众被设想为主动的,也就是说,对产品的使用被认为是有目标导向的行为。

传统广告时期,广告主没有办法了解消费者的所有需求、显在动机与潜在动机,只能通过有限的观察、问卷与访谈来最大程度地了解消费者的需求,所勾勒的消费者个性图谱不是很清晰,也不是很完整。用户对产品不一定使用,更不一定满足,但大数据时代,通过 Web3.0 技术,数据的追踪定位与分析、筛选等手段,广告主可以最大程度地了解用户的需求与动机,生产能满足用户需求的产品,用户对所推送的信息及信息商品很大程度上会使用,也能满足。所以,"使用与满足"是从个体受众角度出发,通过分析个体受众的商品需求动机,为分析生产什么商品和怎样推送信息能更好地销售产品的过程。大数据广告更好地满足了人们的信息需求、娱乐需求和社交需求。

大数据推送的信息很大程度上是符合消费者需求的信息,广告信息本身使消费者获得了信息上的满足。要进一步分析消费者使用产品后的产品满足,就需要比较两个值:一是消费者对产品的预期绩效;二是消费者使用产品后的实际绩效。如果预期绩效大于实际绩效,则消费者不满足;如果预期绩效等于实际绩效,则消费者基本满足;如果预期绩效小于实际绩效,则消费者满足。大数据广告的精准推送会在一定程度上提高预期绩效,而实际绩效也需更高,消费者才能满足。满足后的消费者才可能进行再次购买或进行良性的口碑传播。否则,只是预期绩效提高了,只提高了消费者的购买使用概率,却不一定提高了满足程度。大数据技术的定位追踪等相关技术的综合分析能实时监控消费者的购后行为和购后满意度,从而不断调整产品、广告、服务、沟通直至让消费者满意。

3.1.2 广告——社会价值

作为一个哲学范畴的"价值"是指人类一种普遍的基本关系——主客体关系中的一个内容要素。价值就是主体对于客体的意义和作用。价值是一种关系现象，是作为一种特定的"关系态"或"关系质"而产生和存在的；价值的客观基础，是人类生命活动即社会实践所特有的对象性关系——主客体关系，价值是这种关系的基本内容和要素。[①]"客体主体化"最终体现于相互作用的效果之中，或是能够满足主体需要和符合主体目的的东西，或是在主体需要和目的之外甚至与之相悖的东西。在广告——社会价值维度中，广告是客体，社会是主体。"广告社会化"体现在广告能满足社会的需要和体现社会的发展或文明程度。从这个意义上说，大数据广告因为是基于追踪定位个性定制的广告，对消费者了解更为深入，对社会群体和社会现实的剖析更为深刻，因而更能体现人的社会化程度和社会化进程。也因为更了解人性，更了解社会，因而广告更有助于对社会的引导，对意识形态和上层建筑的配合。价值是对主客体相互关系的一种主体性描述，它代表着主体化过程的性质和程度，即客体的存在、属性和规律的变化与主体尺度相一致、相符合或相接近的性质和程度。[②]因而，广告的发展阶段和先进水平在适应社会文明程度和进化水平的同时，其实也体现了社会的文明程度和进化水平。

3.1.3 广告——媒介价值

传统广告时期，媒介排期和媒介投放相对固定，大数据时代，媒介排期和媒介投放相对灵活，程序化购买和RTB的结合使媒介投放可以随时调整，使用时间更灵活。另外，大数据使媒介使用空间也相对多屏，传统广告时期，经过市场细分的一部分消费者所接触到的媒介及媒介内容是一致的，而大数据时代，每一个受众作为一个个体被追踪定位，每一个受众接收到的媒介信息都是量身定做的。受众对于媒介的形象更清晰透明了，对于媒介的到达率更高了，因而每个受众对于媒介的价值不再像传统广告媒介时期是基本清晰或含混不清的。

(1)大数据广告使媒介在空间上的使用程度更高了。价值的时效性是指，每一种具体的价值都具有主体的时间性，随着主体的变化和发展，一定客体对主体的价

---

① 李顺德. 价值论——一种主体性的研究[M]. 北京：中国人民大学出版社,2013:29.
② 李顺德. 价值论——一种主体性的研究[M]. 北京：中国人民大学出版社,2013:53.

值或者在性质和方向上,或者在程度上,都会随之改变。[①] 价值是事物存在的本质理由和生存原则,任何事物的价值发生了衰竭,都必须进行价值的重构,否则,原有事物便会被淘汰。传统广告的空间使用率较低,因为每个广告只有单一的空间表达,即对目标消费者的统一表达,而大数据时代,广告的空间价值提高了,广告对不同的受众有不同的价值表达,即每一个广告在不同的个体消费者空间是不一样的,例如淘宝网中的广告对每个消费者是不一样的,"我的淘宝"是个性化页面和针对个体推送的个性信息。

(2)大数据广告使媒介在时间上的使用程度更高了。主体的客观性不仅是价值客观性的前提,而且是承担和体现价值客观性的形式。媒介的广告性是媒介存在和价值的前提,也是承担和体现媒介价值客观性的形式。媒介"双重生产"的内容,第一种是直接产品——节目本身,而节目有时并无赢利空间,只是免费播放给受众观看,从而吸引受众,媒介的节目并不直接产生价值;第二种是间接产品——受众,受众是由节目产生的,而受众才是媒介价值的所在,因为有了受众才有了广告价值,媒介也才有了价值。因此,媒介的广告性是其真正的价值所在。另外,价值的客观性最终要通过主体生存发展的客观变化表现出来,并得到验证。从这一点上看,广告这一客体使媒介这一主体的时效性更强。

大数据的追踪定位功能使媒介广告的投放和排放更灵活,即时性、时效性更强,也就是说,大数据使网络媒介在时空上获得了更多的延展和自由。从时空价值的角度来看,媒介的发展和演进符合时空不断扩张和延展的规律。但印刷媒介和电波媒介在时空的延展性上又各有优势:印刷媒介比电波媒介在时间上具有较长的保存性;电波媒介较印刷媒介在空间上有较快的传播速度。大数据时代的网络媒介具有多空间区隔性——每个个体在追踪的基础上获得不同的定制信息;也更具有时间的自由性——可选择时间阅读定制信息。媒介时空的延展性得到了进一步发展,媒介价值更高了。

3.2　传统广告的衰落与重构是符合价值规律的

任何事物的存在都是因为其有一定的价值,价值是对社会存在物生存理由的本质追问。任何社会事物都遵循价值规律的演进法则,作为社会存在物的广告同

---

① 李顺德. 价值论——一种主体性的研究[M]. 北京:中国人民大学出版社,2013:66.

样如此。研究发现,有了某种先进的技术,就诞生了新媒体,从而出现了相应形式的新媒体广告。例如,有了语言符号和非语言符号后,就诞生了口头媒体,从而出现了口头广告;有了印刷技术后,就诞生了印刷媒体,从而出现了印刷广告;有了电子技术后,就诞生了电波媒体,从而出现了电波广告;有了数字技术后,就诞生了数字媒体,从而出现了数字广告。所以,可以说技术逻辑决定了媒介逻辑,媒介逻辑决定了广告逻辑。新技术催生新媒介,新媒介催生新的广告生存形态。

广告发展史上的口头广告、印刷广告、电波广告、数字广告之所以能在一段时期内成为一种主流媒体的广告,就是因为这几种广告有其独特的价值。印刷广告相对于口头广告的优势在于:传播的范围更广、移动性更强,社会由"部落化社会"变成"非部落化社会";电波广告相对于印刷广告的优势在于:传播的速度更快,更生动;数字广告相对于电波广告的优势在于:搜索性、参与性、追踪定位与个性定制、时效性更强、移动性更强。所以,当新媒体出现时,新的媒体取代旧的媒体成为社会的主流媒体。这时,如果旧媒体不去寻找新的价值,就会发生"物竞天择,适者生存"的媒介进化,旧媒体被新媒体取代,旧媒体广告也就会消亡。

所以,事物的衰弱常常伴随事物的价值衰竭与价值转移。事物价值衰竭时,为寻找更好的生存,要进行价值让渡与转移,重新进行价值构成与增值。

当原有的广告没有价值或价值发生衰竭时,广告就要求新的价值生存方式和让渡形式。印刷广告传播的时间有效性和空间有效性虽然比口头广告更强,印刷媒介成为传播广告信息的主要载体,口头媒介传播广告信息的广度上价值发生了衰竭,但口头广告作为一种人际传播的深度媒介,其深度传播的价值仍然远大于印刷媒介,所以,当印刷广告出现后,口头广告与印刷广告并存,是因为两者各有不同的价值;电波广告传播广告信息的速度和范围、即时性虽然远大于印刷广告,但印刷广告的深度传播和保存性优于电波广告,而口头广告依旧在人际性上具有无法比拟的接近性和深度,因此电波广告出现后,口头广告、印刷广告、电波广告三者并存;网络广告的传播速度和传播范围比电视广告更强,网络广告的保存性比印刷广告更强,网络的即时互动、即时反馈、可参与性、移动性和追踪性、搜索性使网络成为传统媒体无可比拟的媒介平台。所以,当网络出现后,电视广告和印刷广告都受到了极大的冲击。口头广告、印刷广告、电视广告、广播广告都面临价值的重构。口头广告的亲密性与可靠性、物质场景的实体性仍是网络广告无可替代的,口头广告实现了价值的重构,与网络广告并存;印刷广告的健康无辐射性是网络屏幕目前难以做到的,印刷媒体由于本身的铅字印刷的有序性而显得更理性,更适合作深度传播的广告,印刷也有其特定的价值;广播广告的单一听觉特征使其成为首选的移动交通媒体,随着经济的发展,私家车越来越多,道路越来越堵,车主们在路上的时间越来越多,广播广告的渗透率也越来越高,广播广告可以实现其价值的重构;电视因为屏幕大,相对于网络是一种舒适性媒体,电视的搜索时间也较短,这种舒适性与短搜索时间成为电视相对于网络的优势,另外,电视节目和电视剧的首播权也可能成为电视媒体相对于网络的优势和价值。传统媒体实现了价值的重构,重新拥有了受众,也就重新实现了传统媒体广告的价值重构。

广告在媒体上投放的意义就在于媒体所生产的受众,任何媒体都生产两重产品,一重产品是节目本身,另一重产品是受众,节目本身吸引了受众。媒体的价值重构的方向也就在于媒介受众的生产。受众越多,媒介的价值越大,媒介广告的价值也就越大。

总之,在网络新媒体的冲击下,口头媒体、印刷媒体、电波媒体都必须实现价值的重构,否则,就面临淘汰和死亡。而除了上面所说的口头广告的私密性、可靠性;印刷广告的健康无辐射性、深度传播性;广播广告的移动性、渗透性;电视广告的舒适性之外,所有的传统媒体广告都必须认识到网络、大数据的优势——Web1.0技术的海量信息搜索;Web2.0技术的可读可写可参与;Web3.0技术的追踪与定位、筛选。如果传统媒体广告也能提高参与性、定位性和筛选能力,则传统媒体广告可以寻找到新的空间和优势。

3.3　大数据广告能实现对媒介技术和媒介优势的充分张大

能实现新媒体优势和价值的广告才是真正意义上的新媒体广告。网络中的弹出式广告、旗帜广告、视频内容节目前插播广告都不是真正意义上的新媒体广告,因为这几种广告都没有体现新媒体的优势和价值。所以,在网络中投放是没有竞争力的,目标消费者的点击率和到达率都很低。既然媒介价值决定了广告价值,那么能体现媒介属性的广告才是有竞争力、有价值的广告。

网络新媒体的价值由其技术价值决定。数字技术出现以来,经历了三个阶段,体现了三种相对于传统媒体技术的不同的优势和价值。第一阶段是以Web1.0特点为支撑的海量信息搜索功能,使网络成为一种海量信息容纳与搜索类媒体,产生了搜索引擎广告;第二阶段是以Web2.0特点为支撑的"可读可写可交互"功能,使网络成为一种参与性极强的媒体,产生了用户参与式广告;第三阶段是大数据时代"追踪定位"技术与功能,使网络成为一种定位与个性推送式的媒体,产生了个性定制式广告。

(1)搜索引擎广告:Web1.0特点的搜索引擎广告是指搜索引擎的竞价排名策略。指消费者搜索某一关键词时,有几万条甚至几十万条相关链接信息,哪些链接信息排在第一页,哪些相关链接信息排在最后一页,不但与搜索内容的相关度与密合度有关,也与链接网站向搜索引擎贡献的广告费相关,这也是搜索引擎的盈利模式。一般来说,排在第一页第一位的网站内容点击率最高,后面的链接内容点击率依次递减。这就是搜索引擎对消费者的议程设置与内容引导。

(2)用户参与式广告:Web2.0的"可读可写可交互"功能产生了用户参与式广告。用户参与式广告是指营销者设计议题,用户参与共同完成广告。用户参与的关键在于广告议题的设置能吸引消费者参与广告。从心理学上来看,极端性、有用性、刺激性、趣味性的信息能吸引受众参与。

(3)个性定制式广告:基于追踪与定位功能的大数据时代,产生了个性定制式的广告。个性定制式广告是指营销者在定位和追踪消费者的基础上,了解消费者的即时需求、潜在需求等,根据消费者的个性与需求推送相关信息。

大数据时代广告兼具了口头广告、平面广告、电波广告、Web1.0海量信息搜索功能广告、Web2.0即时读写交互类广告、Web3.0追踪定位广告的共同特点,同时融入了社会关系平台与程序化购买平台,大数据时代广告是一个集大成者的广告平台。

大数据时代广告满足了消费者的信息需求、广告主的售卖需求、媒介的需求、对现有和潜在消费者的跟踪分析、即时效果分析和监测。大数据时代广告具有以往所有传统广告和网络广告的共同价值,同时有其不可替代的优势和价值。

3.4 大数据媒介技术可以使广告避免信息的不对称性和逆向选择

信息的不对称,就是指交易一方对交易另一方的了解不充分,双方处于信息不平等地位。掌握信息比较充分的人员,往往处于比较有利的地位,而信息贫乏的人员,则处于比较不利的地位。该理论认为:市场中卖方比买方更了解有关商品的各种信息;掌握更多信息的一方可以通过向信息贫乏的一方传递可靠信息而在市场中获益;买卖双方中拥有信息较少的一方会努力从另一方获取信息;市场信号显示在一定程度上可以弥补信息不对称的问题。

大数据时代广告较传统广告更能避免信息的不对称。从消费者的角度来看,原有媒体有工具性限制和使用性限制,工具性限制体现在传统媒体如报纸杂志、广播电视的版面和时间段有限,不可能容纳无限多的信息,而网络的技术特点就是能容纳无限多的信息。使用性限制体现在广告主因资金和资源有限不能无限制利用传统媒体,而网络广告的成本极低,使用限制和进入成本都很低,消费者通过 Web1.0 技术的搜索与 Web2.0 技术参与更能使用相关媒介传播信息。从营销者的角度来看,通过 COOKIE 和 App 的追踪定位,营销者可以即时追踪、定位和分析消费者的信息和需求。对于双方来说,都较传统媒体时期更能掌握对方的信息。

从信息的不对称理论来思考网络媒介的价值优于传统媒介:互联网有去中心化和信息成本低两大特性,这使原本传统媒体拥有的信息不对称造成的垄断地位得到了一定程度的改善和缓解。传统媒体的"媒"就是中介,互联网有可能去掉这个中介,使企业和消费者直接发生信息交换,信息系统的耗损降低了,物质和能量损耗降低了,整个系统的能量损耗降低了,信息更透明、有序,更有可能打破信息的不对称性。

传统媒体时代,消费者可获得的信息非常有限,因为不能进行海量信息的搜索和与其他消费者的口碑互动;而企业可获得的信息也相对有限,因为消费者的需求、动机行为和方式都需要市场调查获得,而由于市场调查技术的有限和欠科学、欠发达性,无法准确获知或正确获知每个消费者的需求。大数据时代,网络可以容纳无限多的信息,基于 Web1.0 技术消费者通过搜索可获得无限信息;另外,基于 Web3.0 信息推送的营销者对消费者量身定做的定制式信息、推送式信息也可在一定程度上消解消费者信息的有限性和非准确性,避免消费者做出逆向选择。消费者一旦产生正向选择,企业可以更大程度地获得合理合法收益,产生道德风险的机会也就少了。(信息不对称状态在交易完成之后会使交易双方面临"道德风险"问题。消费者因为不能掌握完全信息而产生逆向选择或次向选择,拥有更优或更有价值的产品或企业无法被选择,企业为了生存或赢利,只有进行欺骗或诈骗性广告行为,这就产生了道德风险)

大数据时代,基于 Web3.0 跟踪定位技术,营销者掌握了大量关于消费者的数据,而这些数据一般不会公开,只能进行有偿使用和有偿交易。消费者也可以搜索海量信息并参与其中，所以，大数据环境下，消费者与营销者之间的信息相对掌握较完全，更有益于消费者做出正确的选择，更能避免逆向选择和道德风险。

虽然，信息的对称和完全信息拥有对普通消费者而言仍是不完全的，因为个体消费者一般无法绝对拥有关于企业的所有信息，但相对于以前的传统媒体时代却是大大地进步了。

以下是 2017 年 11 月在朋友圈被刷屏的一则文章，这篇文章在两天时间内获得近 400 万的转发，每转发一次，当事人获得 1 元，400 万转发意味着在两天内筹得资金近 400 万。让我们一起来分析一下这篇新媒体广告。

【案例分析】罗＊＊，你给我站住

23 日下午 6 点，笑笑再次病危，又进了重症监护室。病床推进重症室的时候，我俯在笑笑耳边祈祷：宝贝你一定要好好地出来。眼泪忍不住地流下来。

文芳卧在我的肩膀上哭。重症室的费用，每天上万块，她悲痛我们花不起这个钱，更悲痛我们花了这个钱也可能救不了笑笑的命。

我不敢再流泪，东拉西扯，要把文芳从悲伤中拉扯出来。

重症室门外的长椅上，睡着一位父亲，笑笑 21 日凌晨进重症室的时候，他就在长椅上睡着。我和他拉扯起来，竟然是老乡，湖南汨罗人。老乡在宝安捡垃圾，他十岁的儿子读四年级，几天前，儿子被的士撞成重伤，昏迷不醒，一直在重症室抢救，老乡就一直在重症室门外等着，困了就在长椅上睡一下，饿了就吃碗方便面。我问老乡，为什么不回家等呢，等在这里，你见不到儿子，也帮不上任何忙。老乡说：回到没有儿子的家，睡不着。

办完笑笑入住重症室的手续，我和文芳回到家中，才理解那位父亲为什么要睡在重症室门外。没有女儿的家，显得格外冷清，比任何寒流都寒冷。朋友叫我出去喝酒，我没答应，不敢丢下文芳一个人在家中，我甚至不敢独自读书。

文芳前一晚在医院又是一夜没睡，我想她早点休息，她却翻来覆去地睡不着，直到叹息把我们淹没。

星期四，不是探访日，我和文芳还是早早地去了医院，只想从医生口中得到笑笑的好消息。医生都很忙，三言两语的介绍，根本解决不了我们的忧虑。正好，文芳的两位闺蜜来医院探访了，我把文芳交给她们，自己跑了。我去跑各种各样的证明，盖各种各样的章，办笑笑的大病门诊卡，申请小天使救助基金。

在这以前，我不想占政府的这些便宜，一分钱都不想占。现在我也不想占，我只想用这种方式告诉笑笑，爸爸正在竭尽全力，你一定要等着我。那些手续办下来，至少需要两个月，笑笑能等上两个月，就一定什么问题都解决了。

笑笑会走路以后，我们就一直玩着一个游戏，她耍赖不想走路的时候，我就往前跑一段，然后蹲下来，张开双手。笑笑一见，就会眉开眼笑地奔跑过来，投进爸爸的怀抱。宝贝，你看到没，此刻，爸爸正在家中向你张开双臂，你赶紧跑回家来，把爸爸扑倒。昨天是感恩节，我想写些文字，感谢亲人和朋友两个月以来对我们的鼓励和支持，竟然心烦意乱，一个字也写不出来，只好不写了。

罗＊＊，爷爷奶奶、叔叔阿姨、哥哥姐姐对你的恩情，很深很重，我一笔一笔给你记着，你不能耍赖，必须亲自感恩。罗＊＊，幼儿园的老师和小朋友，正在举行给你献爱心的活动，老师和小朋友都很想念你，盼望你早点回去上学，你一定不要让他们失望。

罗＊＊，不要乱跑，你给我站住！要是你不乖乖回家，就算你是天使，就算你跑进天堂，有一天我们在天堂见了面，爸爸也不理你！

选择的或然率＝报偿的保证/费力的程度。这个公式首先运用于公众对媒体的选择，延伸开来，人们不仅对媒体的选择符合这个公式，对产品和机会的选择也符合这个公式。理性的人在进行任何事物的选择时，都会衡量所得报偿和费力程度。如果报偿越大，选择的可能性越大，报偿越小，选择的可能性越小；而做这一选择的费力程度如果越大，选择的可能性越小，费力程度如果越小，选择的可能性越大。选择转发此文章，获得的报偿有：

第一，心灵的共鸣：具有"集体潜意识"的同情与爱，对心灵冲突的弥合和保护。

精神分析学家弗洛伊德认为，人的无意识主要指人的本能欲望和本能欲望的压抑。本能欲望主要指性欲，本能欲望的压抑主要指性的压抑，因此人的心理冲突主要源于性的压抑。荣格并不赞成弗洛伊德的"泛性论"，他认为性冲突只是人无意识里面的一个内容。他认为，无意识不仅包括"个人无意识"，还有"集体无意识"。"集体无意识"是人类社会活动的一种心理沉淀，是一种先天的心理模式。"集体无意识"有两个特征：一是先天性，是一种先天的心理格式，人无法超越和摆脱它；二是普遍性，是一种类的心理结构，个体处于它的笼罩之下。笔者认为，爱与同情应该归于荣格所说的"集体无意识"中，是一种本能，一个历史沉淀和文化积累的符号，而个体因为都是先天普遍的"集体文化的携带者"，因而对可怜人、悲惨事有一种无意识的同情感。在这种平衡和宁静的联结中，人能很快找到似曾相识的共鸣感，这是人类一种共同的感觉和共通的语言，它先天地存在于每个人的个体无意识中，成为一种"集体无意识"。这个故事，可以回归最原始的本我和自我，抚慰心灵，激发内心的同情。这种抽象观念的现实性，存在于每个人心中的文化积淀，恰恰就是荣格所说的"集体无意识"。

第二，"内在自我"的释放与投射。

拉康认为，自我是被伪自我——这个最根本的假设牢牢地控制和掌握着。伪自我源于客观世界，即在客观世界中想成为的"我"。自我是内在真实的本我。伪自我常常成为内在自我的主人，压抑和束缚内在自我。人们永远都在追求完美的伪自我，甚至在虚幻的情景中虚构和满足。人的这种过分依赖伪自我而忽略自我的心理源于对客观世界的过分依赖，其实为内在自我的冲突埋下隐患。荣格也认为，作为一个完整的人，必须在外在客观世界和内在心理模式的作用下均衡发展，任何过度地片面化——过分内倾和外倾，都会导致心理问题。长期以来，我们过于关注外在的客观世界，忙于塑造社会眼中的自我、他人眼中的自我，却忽略内心深处真正的自我。我们可能是道德的楷模、公共秩序的典范，但私下里可能性格偏执甚至暴戾。那是因为长期以来，内心深处真实的自我不能得到满足，不能得到释放，使我们成为过分外倾的人，而导致内在自我出现种种问题。

笔者认为，必须要有一些方式和方法能使人们在发展外在自我的同时，在适当的空间中满足内在的自我。帮助有需要的人，投射自己的心灵、心理线条，表达不同的欲望和深度感受。这是一个生存本体的想象域和虚幻世界。个体正是在这种意向中，忘却客观世界，忘却外在自我，表达真实欲望的自主、自由，表达内在自我。

第三，合作与共鸣："外在自我"的完善与健全。

网络媒介使人们成了部落人，甚至是单个的部落人，缺乏合作与共鸣，缺乏现实场景中的交往。人与人之间虚拟空间的距离在不断缩短，人们可以随时在微信、QQ等社交媒体中交流，但人与人之间现实物质空间的鸿沟却在不断扩大，人们常常忽略了坐在身边的亲人，成了"单个手机人""单个网络人""单个数字电视人"。互联网过于注重虚拟场景而缺失现实场景的缺憾，使人们感受到对方，触摸到对方，通过合作参与加深感情。合作性地建立"利益共同体"，这种"利益共同体"通过每个人的参与和合作实现，让个体认识到自己在"利益共同体"中的价值都是不可或缺和无可替代的。这有助于"外在自我"的完善和健全，使"外在自我"可以更好地融入客观世界。

第四，委婉和反语的修辞手法的分析。

委婉是修辞手法中的一种，是指不从正面表达，而从侧面、反面或其他角度表达的方式和方法。案例中，作者想激起受众的同情心，通篇想表达的是一个好父亲、好丈夫的悲惨处境和急需钱财的境地。但作者并不从正面来表达这些内容，而是运用委婉和反语的手法来表达。如：

"文芳趴在我的肩膀上哭。重症室的费用，每天上万块，她悲痛我们花不起这个钱,更悲痛我们花了这个钱也可能救不了笑笑的命。"

委婉地表达"我们"急缺钱。

"重症室门外的长椅上,睡着一位父亲,笑笑 21 日凌晨进重症室的时候,他就在长椅上睡着。我和他拉扯起来,竟然是老乡,湖南汨罗人。老乡在宝安捡垃圾,他十岁的儿子读四年级,几天前,儿子被的士撞成重伤,昏迷不醒,一直在重症室抢救,老乡就一直在重症室门外等着,困了就在长椅上睡一下,饿了就吃碗方便面。我问老乡,为什么不回家等呢,等在这里,你见不到儿子,也帮不上任何忙。老乡说:回到没有儿子的家,睡不着。"

这一段描写老乡,其实是"自己人心理",委婉地表达自己的伤感与苦难。

又如:

"朋友叫我出去喝酒,我没答应,不敢丢下文芳一个人在家中,我甚至不敢独自读书。"

"文芳前一晚在医院又是一夜没睡,我想她早点休息,她却翻来覆去地睡不着,直到叹息把我们淹没。"

这些句子,委婉地表现"我"是一个好丈夫。

又如:

"这以前,我不想占政府的这些便宜,一分钱都不想占。现在我也不想占,我只想用这种方式告诉笑笑,爸爸正在竭尽全力,你一定要等着我。那些手续办下来,至少需要两个月,笑笑能等上两个月,就一定什么问题都解决了。"

这委婉地表现"我"急需钱。

又如:

"罗＊＊,不要乱跑,你给我站住! 要是你不乖乖回家,就算你是天使,就算你跑进天堂,有一天我们在天堂见了面,爸爸也不理你!"

这里运用的是反语。

4 大数据时代广告表现形态的发展与变革

　　数字技术经历了三个时代的变革:第一,基于海量信息搜索的 Web1.0 时代;第二,基于可读、可写、可交互的 Web2.0 时代;第三,基于追踪定位的 Web3.0 时代。技术的变革引起了媒介的进化,数字媒介也从海量信息搜索为主的搜索性媒体,变化为可读、可写、可交互为主的参与式媒体,再变化为追踪定位为主的追踪性媒体。按照保罗·莱温森的补偿性媒介的观点,任何一种媒介都是对前一种媒介的补偿和优化。印刷媒介只能看,人们既想看又想听,所以出现了既能看又能听的电视媒介;电视媒介提供的节目信息有限,人们还想获得更多的信息和节目,所以出现了 Web1.0 技术特性的"海量信息搜索式"网络;人们在海量信息搜索的同时,想要与信息的发布者进行即时的互动,于是又出现了 Web2.0"可读可写可交互"的参与式社交网络;人们在海量信息搜索和社交时,搜索的有时是陌生人发布的信息,社会交往的也不是现实场景中的熟人,而是陌生人,就有想要获得虚拟场景中陌生人的实体身份和具体信息的需要,于是出现了 Web3.0 技术特性的"追踪定位"网络媒介。

　　媒介的进化引起了广告进化,更有价值、更有竞争性的广告也就出现了。在海量信息搜索特征下的搜索性媒体诞生了"搜索引擎广告";在可读、可写、可交互的参与式媒体下诞生了"议程设置式广告";在追踪定位的追踪性媒体中诞生了"个性推送式"大数据定制广告。

4.1 搜索引擎广告

　　搜索引擎是指当用户以关键词输入和查找信息时,搜索引擎会自动在自己已包容的数据库中搜索,找到与用户输入信息相匹配的内容,这里面要采用一些特殊的算法——通常根据网页中关键词的匹配程度、链接质量、位置、频次计算出各项内容链接的相关度及匹配度,然后根据关联度和匹配度高低,依次从上至下,从第一页至最后一页按顺序将这些网页链接返回给用户。

搜索引擎广告是指企业根据自己的产品、理念或服务,确定相关的关键词,撰写广告内容并自主定价投放的广告。当用户搜索到广告主投放的关键词时,相应的广告就会展示。同质化的企业或非同质化的企业都可能出现关键词相同的情况,所以,当关键词有多个用户购买时,搜索引擎就会根据竞价排名原则展示,即按照不同企业向搜索引擎提供的广告费多少按顺序先后展示,一般来说,处于第一页第一位的链接最能吸引用户,往下排下来依次递减。顺序和位置不同,企业向搜索引擎贡献的广告费也不同。

4.1.1   搜索引擎广告可能使买卖双方信息趋于对称

信息对称是指双方较完整地掌握了关于对方的信息。信息对称有助于消费者和企业都做出正确的选择。避免了逆向选择、次品及道德风险行为的出现。在信息经济学领域,如果出现信息的不对称,当事双方都会做出不利于自己的逆向选择或次优选择。囚徒困境的经济假设是经典经济学中的"理性人假设",这个例子常用来分析纳什均衡和博弈,但笔者认为,从另一角度,也说明了信息的不对称所带来的逆向选择。

囚徒困境的故事讲的是两个犯罪嫌疑人 A 和 B 作案后被警察抓住,警察知道两人有罪,但缺乏足够的证据。这两个犯人都拒不认罪后,警察制定了一个规则:将他俩分别关在不同的屋子里接受审讯。警察告诉每个人:如果两人都不认罪,各判刑一年;如果两人都认罪,各判五年;如果两人中一个认罪而另一个不认罪,则认罪的人放出去,不认罪的人判八年。每个囚徒都面临两种选择:认罪或不认罪。然而,在信息不确定,两个罪犯不能相互沟通的情况下,A 从个体自我的角度考虑,如果不认罪,可能判八年,也可能判一年;如果认罪,可能判 5 年,也可能无罪释放。在不考虑 B 的情况下,个体认罪和不认罪本身可能判的年限来看,A 的选择认罪的总体判的年数比不认罪总体可能判的年数要少,A 认罪较好。但在考虑 B 的情况下,具体说来,A 究竟是判多少年,不但取决于 A 的选择,也取决于 B 的选择。A 就想了,如果 B 认罪,我有两种选择,一种是认罪,一种是不认罪,如果认罪判 5 年,如果不认罪判 8 年,当然应该认罪;A 又想,如果 B 不认罪,我有两种选择,一种是认罪,一种是不认罪,如果认罪判决 0 年,如果不认罪判决 1 年,当然还是应该认罪。所以,A 不管 B 认不认罪,A 的最优选择都是认罪。而 B 所处的境地与 A 完全相同,如果同是理性人,B 从个体自我的角度考虑和对方对自我影响的角度,考虑应和 A 完全一样。也就是说,一旦规则制定,不管从个体的角度考虑,还是从对方对自己的影响考虑,每个囚徒的最优选择都是认罪。但这个选择对于整个系统的当事双方的整体利益来说,却是一个最差的选择。因为从双方的整体利益来说,都不认罪是最优选择,一共只要判 2 年;一个认罪一个不认罪是次优选择,一共要判 8 年;两个都认罪是最次选择,一共要判 10 年,而双方偏偏都选择了一个最差的,如表 4-1 所示。

表 4-1　囚徒困境

B＼A	认罪	不认罪
认罪	(−5,−5)	(0,−8)
不认罪	(−8,0)	(−1,−1)

所以,我认为,囚徒困境之所以形成,有几个条件:①信息的不对称;②双方都是理性人;③制度的建立。第一个原因——信息的不对称是指当事双方没有掌握完全信息而造成的信息不对称。第二个原因——双方都是理性人,理性人在信息不透明和双方信息不对称的条件下会做出逆向选择或次优选择,如果不是理性人,则产生不合情理的选择,也可能误打误撞,反而做出了最优选择。第三个原因——制度的建立。如果警察把游戏规则稍加改变,如表 4-1 中四种情况所判的年数稍加改变,结果将大不一样。如表 4-2,将一人认罪和另一人不认罪的情况改为认罪的人判 2 年,不认罪的人判 8 年,即如果两人都不认罪,各判刑 1 年;如果两人都认罪,各判 5 年;如果两人中一个认罪而另一个不认罪,则认罪的判 2 年,不认罪的判 8 年。那么在不考虑 B 的情况下,个体认罪和不认罪本身可能判的年限来看,A 认罪判 5 年或 2 年,不认罪判 1 年或 8 年,A 的选择认罪的总体可能判的年数比不认罪总体可能判的年数要少,A 认罪较好。在考虑 B 的情况下,具体说来,A 究竟是判多少年,不但取决于 A 的选择,也取决于 B 的选择。A 就想了,如果 B 认罪,我有两种选择,一种是认罪,一种是不认罪,如果认罪判 5 年,如果不认罪判 8 年,当然应该认罪;A 又想,如果 B 不认罪,我有两种选择,一种是认罪,一种是不认罪,如果我认罪判决 2 年,如果不认罪判决 1 年,当然应该不认罪。所以,A 此时的选择是矛盾的,如果 B 认罪,A 的最优选择是认罪;如果 B 不认罪,A 的最优选择是不认罪。而 B 所处的境地与 A 完全相同,如果同是理性人,B 如果从个体自我的角度考虑和对方对自我影响的角度,考虑应和 A 完全一样。这种制度制定下的囚徒困境就不一定是都选择认罪了。所以,第三方所设定的规则和制度很重要。

表 4 - 2 非囚徒困境

B \ A	认罪	不认罪
认罪	(-5,-5)	(-2,-8)
不认罪	(-8,-2)	(-1,-1)

消费者与企业在传统媒体时期的信息关系就类似于囚徒困境。消费者没法搜索到尽可能多的关于企业的信息,企业的市场调查也只是抽样,不能了解所有消费者的需求。消费者与企业之间信息不对称,如果双方均为理性个体或组织,则均会做出逆向选择。

虽然信息不对称的当事双方做出了逆向选择,但信息透明和对称的其他方受益。囚徒困境中,获益的是第三方——警察,因为警察掌握了完全信息。可见,掌握完全信息的一方会占有最大利益。还有一种情况,就是第三方信息也没有掌握完全信息,却间接受益。在市场中,消费者与企业信息不对称,双方均为逆向选择,但一定有一个获益方,那就是其他企业或消费者。

所以反之,如果 A、B 双方能沟通、能掌握关于对方的完全信息,那么两者的选择必然为都不认罪,A、B 做出了最优选择,而警察却结不了案,不能获得最大利益。在市场中,就是企业与消费者的信息完全透明或趋于透明,双方掌握关于对方的完全信息时,往往能做出正确的选择,消费者能选择最有利于自己的产品,而企业也能与最适合的消费者进行沟通。

大数据环境下,对消费者而言,基于 Web1.0 技术的搜索引擎广告为消费者提供了极多的信息。消费者所搜索的内容就是其目前的需求。搜索引擎广告可以为消费者提供较完整的广告的数据资料,较以前的传统媒体时代,帮助消费者更好掌握关于企业的完全信息。另一方面,对企业而言,通过对消费者内容的搜索的跟踪,可以进行 COOKIE 的追踪,精确匹配其需求,直接针对客户,较传统媒体时期的市场调查更能掌握消费者的完全信息。企业也较传统媒体时期相对来说更能掌握关于消费者的完全信息。

事实上,纳什均衡和博弈的前提就是信息的不对称,如果信息完全公开透明,企业和消费者都知道对方的完全信息,也就不需要博弈了,都将发生正向选择,系统也将出现利益最大化。

4.1.2 搜索引擎排序对消费者选择商品进行了一定程度引导

对用户近期的检索行为和链接行为进行跟踪分析的前提下,可获知用户感兴趣的话题、用户近期的需求,由此匹配精心设置的广告页面或广告链接的内容,或选择推送卓有成效的关键词组合的相关链接,消费者点击该关键词链接的可能性会很大,广告客户的转化率会较高。

搜索引擎跟踪用户近期检索信息的完整性有利于掌握消费者的个性信息,有利于企业关键词与消费者关键词的有效匹配。这样,企业对搜索引擎投放广告,搜索引擎就可以通过消费者关键词搜索出来的链接的排序,有效引导其选择产品。

按照目前搜索引擎广告的发展态势来看,主要包含:按照点击付费的竞价排名,此类竞价广告,能保证该广告最大限度地到达目标客户的手中,但恶意点击或无意点击甚至误点击的情况也时有发生;地址栏搜索广告,可以略过相对繁琐的网址而直接输入中文域名寻找到目标网站,虽然关键词比较受限,针对性却相当强。

对企业而言,通过点击付费的方式击中了众多广告主的理财心理,让广告主认为自己的广告费没有浪费。那种我的广告费浪费了一半但不知道是哪一半的行为,不太容易再发生,广告主认为每一分钱的广告都用在了消费者身上,认为点击率就代表到达率。但实际上这种点击付费的方式也有其不准确性,因为受到一些因素的影响:①竞争者消耗对手的广告成本的点击行为;②搜索引擎网站为了获取广告佣金的点击行为;③访客无意间的误点击行为;④市场调查公司做调查时的点击行为。以上四种都产生了点击率,却不是到达率。而且点击率只相当于以往的收视率,不代表有效到达率,有些目标消费者虽然点击了,但链接的相关内容却没有真正接收,或因为暂时接收,瞬间遗忘。

4.1.3 搜索引擎优化有助于广告投放

任何媒体都生产两种产品,一种是内容生产,一种是受众生产,这就是媒体的"双重产品生产"。所以,搜索引擎不应一味地追逐广告的投放与排序,也应注意搜索引擎的优化。在内容生产的基础上赢得受众,才有了吸引广告主投放广告的资本。搜索引擎优化与搜索引擎广告的选择是基于企业的经营现状和网络营销的目标而确定,在搜索引擎优化的效果没有充分发挥的时候加强搜索引擎广告的投放,是在削弱本搜索引擎的核心竞争力。因为搜索引擎不够优化,也就意味着内容生产不够优化、受众群体和规模在缩小,而广告主也会随着搜索引擎效果降低而开始寻求受众价值更高的搜索引擎的广告投放。

此外,搜索引擎广告在投放时需要注意关键词的设置,关键词的设置不但要使用热门词,还要适当使用非热门词。因为热门关键词企业设置的概率非常高,竞价较激烈,而相应的非热门词甚至冷门边角词设置的概率相对较低,竞价不太激烈,但又能有效地与消费者的检索关键词相匹配,因而可以考虑使用。

【案例分析】魏某某事件:百度搜索引擎的公关危机

2016 年 5 月 1 日,一篇微信文章刷爆朋友圈,文中称,大学生魏某某在 2 年前体检出滑膜肉瘤晚期,通过百度搜索找到武警北京市总队第二医院,花费将近 20 万元医药费后,仍不治身亡。

2016 年 5 月 2 日,国家网信办会同国家工商总局、国家卫计委成立联合调查组进驻百度公司,对魏某某事件及互联网企业依法经营事项进行调查并依法处理,联合调查组将适时公布调查和处理结果。

2016 年 5 月 3 日,国家网信办会同国家工商总局、国家卫计委已成立联合调查组对"魏某某事件"进行调查。国家卫计委、中央军委后勤保障部卫生局、武警部队后勤部卫生局联合对武警北京市总队第二医院进行调查。

2016 年 5 月 4 日,武警部队对广受关注的"魏某某事件"高度重视,已组成工作组进驻武警北京市总队第二医院。有关领导表示,将全力配合国家卫生和计划生育委员会和中央军委后勤保障部卫生局调查,对发现的问题将依法依纪严肃查处,绝不姑息迁就。

2016 年 5 月 9 日,因百度搜索相关关键词竞价排名对魏某某选择就医产生影响,百度竞价排名机制存在付费竞价权重过高、商业推广标识不清等问题,影响了搜索结果的公正性和客观性,容易误导网民,必须立即整改。2016 年 9 月 11 日魏某某父母决定和百度公开讨论道歉问题,并由北京腾波律师事务所的律师发出律师通告函,标题为:魏某某父母请律师状告百度,请求百度给魏某某事件一个满意回复。

搜索引擎广告给消费者带来了便利,但也给部分做虚假广告的企业带来了机会。这个事件折射出一个亟待解决的问题——搜索引擎广告法的健全。搜索引擎的主要赢利模式是广告,但广告真实性审核却是搜索引擎很难完成的,所以,如何对做虚假广告的广告主进行规制与监管、完善搜索引擎广告法,显得很重要。

4.2 议程设置与受众参与式广告

传统广告表现主要包括广告创意和广告内容的展现,通常是在市场调查的基础上确定目标消费群体、市场定位、广告诉求和媒体发布形式等广告策划和策略后,由广告策划人员为主体创意和设计完整的广告的过程。大数据时代,广告表现和广告创意最大的变革在于：广告策划人员在网络中发布议题，通过受众参与的形式共同完成广告的内容。此种形式的广告优势在于利用了大数据技术和媒介的优势，如前文所说，网络媒体最大的优势在于"参与性"与"共享性"，而 Web2.0 的技术优势也在于"可读可写可交互"，这是传统媒体所不具有的优势，体现网络媒体特性和优势的广告才是真正的网络广告，否则，就只是传统电视广告、广播广告、杂志广告、报纸广告在网络中的重现，其本质还是传统广告。这种议程设置式的广告有效发挥了大数据新媒体的优势，使用户参与、共享，消费者与营销者共同完成广告的内容生产。

传统意义上的议程设置是指媒介通过提供信息和安排相关的议题以及相关议题的先后顺序、有效程度等，来左右人们关注某些事实和意见，以及尽量引导他们对内容的关注和注意舆论的走向。在议程设置下，受众会因媒介提供议题和如何提供议题而改变对事物关注度和重要性的认识，对媒介认为重要的事件首先进行思考和采取行动。消费者关注的议程及态度的形成，与其接触的传媒及传媒的议题很有关系。

基于 Web2.0 的"可读可写可交互式媒介"和"可读可写可交互式技术"，大数据时代的广告表现相对于传统广告的变革之一在于：公众的参与和内容生产。营销者只要设置议题并有效引导议题，让公众参与其中，共同建构广告，一方面参与内容建构的消费者因为参与而印象深刻，熟记产品及相关信息；另一方面未参与内容建构但参与阅读的消费者会因为其他消费者的参与而提高对广告内容的关注度，同时"自己人效应"也提示参与阅读未参与内容建构的消费者更加相信广告信息和其中分享的内容。要使相当的目标消费者参与广告内容的建构，就要求在设置广告议题时有相当的巧妙度和吸引度，要注意：构造事件，吸引消费者关注；捕捉消费者的注意力，吸引其参与广告；不断注入新的信息，引起消费者的持续关注。

【案例分析】汶川地震网络媒体信息议程设置个案研究

媒体报道重大突发性事件，时效性成为报道的主要诉求。相对于其他媒体，网络无论是在消息内容的时效性、公众舆论的影响程度以及表现方式、手法上，都处在一个举足轻重的地位，为辅助政府议程，为整个媒介环境的议程设置起到了关键的作用。如汶川大地震的信息传播，网络媒体的表现可谓突出。

第一，理论前提与网络媒体的特性。

议程设置是大众传播媒介影响社会的重要方式。最早真正提出有关议程设置理论假说的是美国传播学家 M. 麦库姆斯（Maxwell Mccombs）和 D. 肖（Donald Show）。他们认为，大众传播具有一种为公众设置"议事日程"的功能，传媒的新闻报道和信息传达活动以赋予各种"议题"不同显著性（salience）的方式，影响着人们对周围世界的"大事"及其重要性的判断。

作为一个新兴的媒介，互联网被人们称为"第四媒体"，由于其自身的多媒体性，其囊括其他所有传统媒介的形式和特点，同时也具备其独特的优势。网络的海量信息和传播的匿名性，打破了传统的传播形式和传播角色的定义，使得传受关系发生了很大的变化。传播者、组织者和受者三位一体，受众的地位得到相当的提升，他们拥有了发表意见和知晓权的平等，他们可以随时索取自己需要的信息，他们随时可以发表意见和评论，并且进行传受双方的互动。据调查显示，网络媒体的受众虽然遍及各个年龄层，但主要受众还是具有一定学历的人群，他们可以熟练地使用电脑和拥有独立的个性思维，他们的需求决定着网络传播的主题内容，而网络传播的内容和样式又反过来影响他们的思维方式和接受习惯。从马斯洛的"需求"层次模型来看，互联网已经部分满足并将更好地满足人们最高需求层次——"自我实现的需要"。网络受众在互联网中拥有自我表达、获得自我认可和他人认可的机会。如何进行议程设置，或者是在突发事件后的议程设置中使得受众的这些需求最大化地满足，将是网络媒介经营者的一个重要公关的问题。

第二，网络中议程设置差异性的来由。

一般传统的议程设置模式为：大众媒体往往被视作为在信息传播的过程中充当"舆论领袖"的角色，媒体的"声音"常常影响着公众所议论的话题。然而，信息在网络中的传递速度是传统媒体无法企及的，信息的传播者、组织者和受者在网络传播中又可以是一个受众的集合体，信息发布的门槛较低。同时，在传统媒介传递信息的过程中，受众的反馈机制是十分有限的，绝大部分的受众只能是被动地接受信息，在网络传播的形势下，受众多了"自主选择"和"信息再加工"的机会，在众多"网民"的公共舆论"压力"下，公众的议程对于媒体的议程也同时起到非常重要的影响。因此，在网络中的议程设置，媒体的议程和公众的议程是相互影响和依存的。同时，由于网络信息的海量性、对于突发事件报道传播的时效性、受众的匿名性、网络的多媒体传播和传播的互动性强等特点使得网络中的议程设置和传统媒体相比，具体在媒介议程和受众议程的相互影响上存在一定的差异性。

第三，突发事件后网络中的议程设置。

互联网对于突发性事件的快速反应和传播速度、信息提供和"再造环境功能"不可小视。汶川发生地震最初的信息，笔者在"百度"中搜索发现，地震信息的最早源头均来自网络的论坛、聊天室、QQ群、Twitter等，并且政府也是通过这些相关网站以及其他传统媒体的网络主页进行信息发布，发起捐款救助、全民共同抗震救灾的号召……"5月12日下午2点28分,坐在位于北京中关村一幢写字楼里的'苹果'(网名)头有些眩晕,但这并没有引起他过多的关注。可刚过2点30分,'苹果'加入的几个QQ群忽然同时炸开了锅,话题只有一个:'地震了!'与此同时,在新浪、网易等大型门户网站的论坛里,已经有十多个城市的网友发帖说:感觉到地震,遍及大半个中国。有人把这些信息粘贴在QQ群里,'苹果'再也无心继续工作,加入从网上查取最新消息的大军。2点53分,新华网发出快讯:'四川汶川发生7.8级地震。'随后,有关此次地震的消息开始大规模出现,主流媒体的新闻和各地网友自发在网上发布的文字、图片、视频以及地震避险的有关知识,被做成专题出现在各大网站上。第二天下午,在铺天盖地的文字、图片和视频信息带来的震撼中,'苹果'在办公室里通过腾讯网提供的在线捐助平台,捐出了自己的100元……"从上述例子中,不难印证网络在为形成议程设置提供信息的平台、影响其他主流媒体信息发布和获取特定传播效果上发挥强大的作用。根据英国《每日电讯报》报道,最早一条有关此次地震的信息出现在5月12日下午2点35分33秒,是由一名位于中国的网友发在美国微型博客网站Twitter上,显示北京地区有轻微震感,并且数亿网民是通过互联网得知——四川汶川发生里氏7.8级(后被专家证实是里氏8.0级)强烈地震这一准确消息的。

互联网海量信息及传播的迅速和对信息的整合功能在这次汶川地震中展现得淋漓尽致。尽管新华社、中央电视台在此次突发新闻报道中较之以往任何突发性事件表现出色,但由于地震引发的信息中断限制,最早播放的视频材料中有不少都来自互联网。如中央台播放的一位名为约翰·达卡尔的秘鲁游客记录的在都江堰市青城山发生地震的视频画面。据中国新闻出版报记者了解到,新浪、搜狐、网易、腾讯四大门户网站均在一小时内推出了"地震专题",最新的灾情和救灾消息被详细地分门别类滚动播发,并将来自网友的记录文字、图片、视频等整合在一起,在第一时间发出。也正是从这一时刻开始,全中国的民众舆论和媒体报道都聚焦在四川省汶川县,包括原国务院总理温家宝同志亲自担任抗震救灾总指挥部总指挥,并迅速赶赴灾区等消息。作为配合政府议程的一项重要工具,无疑,在这次突发性事件——地震消息和新闻的快速反应、海量信息、传播速度之快和影响范围之广泛等对形成的网络公众舆论、传统的媒介议程和后期的公众议程都产生较大的影响。由于互联网的多媒体特征,使得网络信息传递出现多样化的趋势,除了单纯的文字、图片等传统媒体具备的报道素材以外,还包括例如上述案例中的视频、音频等多媒体素材的结合。

网络中的议程设置的表现方式的多样性在5月19日至21日的全国哀悼期表

现得尤为明显。在国务院发布全国哀悼三天的文件后,互联网中各大门户网站如新浪、搜狐、网易、腾讯等首页,包括腾讯 QQ 登录对话框、校内网在内的聊天通信工具,Google(谷歌)、搜狗等搜索引擎的主体颜色设置基调均为灰白色,在网页的显著位置或者 Logo 部分有黑底白字"深切哀悼……""中国加油!汶川挺住!"等字样、减少广告或取消广告的发布,首先在视觉上给网络用户予以冲击,为了补偿对未知和不确定信息的了解心理,受众不得不去主动关注互联网,或者是传统媒介中的各类新闻、消息。

同时,各大网站主办的网络公祭、祈福主页也相应出现,新浪、搜狐、网易、腾讯等公布所有游戏停机三日,同时关闭所有服务器以及官方论坛;游戏经营商所有游戏停机三日,改为一致的默哀行为,并呼吁广大用户一同停止各项公共娱乐活动,共同表达哀思和爱国之心;有的开辟网上寻找亲人的信息;亦有网站联合发出抵制汶川地震中各类谣言和诋毁言语的倡议书;募捐活动也在网络信息的传播过程中不知不觉得到迅速"蔓延"。此次突发性灾难事件发生后的相关报道中,网络不仅仅继续发挥其自身快速反应、海量信息的优势,而且更利用网络的议程设置功能,充分利用其互动性特征,在无形的政府议程中与传统媒体密切配合,共同营造全国哀悼和祈福的"拟态环境",填补传统媒体的报道空白,对加强信息的透明和公共监督起到推动作用,将众志成城、抗震救灾的号召和精神传遍祖国的大江南北,将政府议程设置过程中设置的人性化工作发挥到最大效度。

从网络媒体议程设置的传播效果来看,此次网络媒体信息报道及设置议题的方式将政府潜在的议程扩大化、深刻化,使得全国公众从对整个地震事件的发生、发展等的认知和了解之后所表现出来的爱国热情、对灾区及受灾人民现状及救援情况的极度关心的态度和言论,包括自身对其的支援行动等都体现出,此次媒介议程设置的显著性效果达到预期。

此次突发性灾难发生之后,网络媒体在信息发布、传播、整合再传播的整个"议程设置"的过程中都发挥了重要作用。

第四,议程设置理论对网络媒体的启示。

"大众传播媒介不能决定公众怎么想,但能决定公众想什么",这样的核心论调在互联网的媒介传播中依旧可以得到证明。抓住受众的寻求信息补偿(看客心理、猎奇心理)、得到自我表达、获得自我和他人认可的心理,把握公众的"导向需求",充分发挥互联网的网络特征,在议程设置中寻求制衡点,以达到最佳的传播效果。找到并且把握好这些制衡点,必须从以下几个方面入手:

(1)权威媒体网站及其经营者的敏锐性,把握可能出现满足公众心理的舆论导向。正确把握受众的"导向需求"在网络媒体的新闻、信息的传播过程中至关重要。在突发性事件发生后,绝大部分的公众是处于信息饥渴状态,稍有不慎的传言便会引起轩然大波,这就要求权威媒体网站面对少数公众对某些未知的突发性事件的讨论或进行的信息发布要全面分析、把握当前宏观局势,在以信息的真实性为前提的基础上,配合政府议程,充分发挥网络的迅速反应、海量信息的特征,在尽可能短的时间内进行"合理"的议程设置,形成强大的舆论"压力",提供一个相对稳定的"拟态环境",引导受众的舆论完成传播媒介"环境再构成"的任务,并且为传统媒体提供可靠的信息素材。

(2)网络媒介应培养部分受众为舆论领袖,并进行正确的舆论的引导。大多数互联网的使用者是受过一定教育并且有独立个性思维的"人群",网络媒介在选择信息传递内容和方式上必须牢牢把握这部分受众,影响其对突发性事件的认知、态度和行为,使其成为较理想的舆论领袖,进行舆论的引导。

(3)网络信息的管理者和采编人员应具有较强的专业技术能力。必须分别有专人熟练掌握电脑各种软件的操作,了解如何运用各种方式,包括视觉冲击、文字排版、内容选择等对突发性事件进行"议程设置"。具体例如文章所述,在"国哀"三天的时间里,各大网站等运用灰白版面且无广告的形式呈现。

(4)网络媒体必须与其他传统媒体的口径保持一致。二者是相互影响、相互补充的关系。网络媒体的信息传播和新闻报道在达到填补传统媒体报道的空白的同时,真正对加强信息透明和公共监督起到推动作用。

(5)网络媒体应扮演好信息传播过程中的特定角色。网络媒体必须在突发性事件后冷静处理,扮演好在信息传播过程中的特定角色,在设置议程的过程中尽量避免用"强迫"的方法大量灌输给受众可能引发抵触情绪或者不确定的信息、符号,符合受众对大众媒体的角色期待,使其引起受众注意,充分发挥促使社会议题形成的功能,促使公众舆论及其他媒体的议程设置的形成,并达到议程设置中所展示议题的显著性的最大化效度。

结 语

议程设置是大众媒介的一项非常重要的功能,而网络作为一种新兴并蓬勃发展的大众传播媒体,在信息的传播过程中扮演非常重要的角色。充分利用网络的快速反应、海量信息以及传播速度快和影响范围广等自身优势,巧妙地依附各大网站(包括各级政府网站、传统新闻媒介下属网站、门户网站、贴吧、论坛等)形成的有利的价值取向和舆论导向,对于类似上文所述汶川地震等自然性突发性事件发生后,与政府议程所宣传的制高点的相关性程度在公众中间形成议题并达到最优的传播效果。突发性事件后,网络中的议程设置是对政府议程的补充和强化,是其他传统媒体的重要信息来源,也是影响受众认知、态度、行为的关键因素。

4.2.1　大数据广告如何进行议程设置

充分利用大数据的媒介优势和技术优势,提高公众参与广告的程度。广告议程设置与引导的关键在于:极端性刺激、兴趣点刺激、斗争性刺激与扩散。隐蔽性多点触发议程设置是对当前事件进行选择性的报道,对选中的事情进行不同程度的报道。媒体引导受众有选择地关注某些问题或事件。传统媒体中,这种议程引导的角色由大众传播媒体承担。但在网络自媒体中,每个人都可以在社交平台上发表自己的言论,议程设置便泛化了,任何人只要方式方法和主题适当,都可在网络中设置议题,引发讨论。从整个过程来看,广告媒体或自媒体的议程设置与传统媒体有所不同,个体或企业在网上设置议程,引起消费者的广泛关注和内容参与是完全可能的,只要注意到议程的设置技巧。

4.2.1.1　极端性语言刺激

利用 Web2.0 技术的参与性,广告议题的形成取决于发起人与触发对象之间的动态回应。触发对象对此广告议题回应得越多,广告议程设置的强度越大。若不能引起相关群体的足够注意力,触发点也无法转化为广告议程设置点。因此,广告议程设置可能会采用极端化引导的方式。公众并不知道这是广告的议程设置,认为只是事件的讨论。因为极端化会让公众义愤填膺,让他们认为最不可能的事往往是最惊人的事、最值得关注的事,凭着这样的信念,人们会关注事件中最离奇、最不同寻常的一部分。同时,极端化也会让触发对象难受,产生内心的不安和不协调,而这种不安和不协调一旦产生,个体需要将这种情绪排解出来,而一吐为快,参与广告议程的讨论就成为排解不安情绪或不协调心理的主要形式。每个个体都如此,便催化与加速了此事件的互动议程讨论。双方的回应与互动越强,主导广告议程设置就越有效,影响的范围就越广。广告议程设置强度越高,公众的参与度越高。

另外,公众的非结构性思维也是极端化语言引导的原因之一。网民已经适应了刺激眼球或刺激心理的视觉或语言来吸引注意的方式,长久以来娱乐媒介非阐释性、没有连贯意义的非结构性思维也成为大部分消费者的一种感性思维。这种非结构性、非逻辑性和非系统性的感性思维削弱了大众的理性话语、理解力、有序的复杂逻辑思维,增强了网民的激情与热情,使人更易受煽动和诱导。所以,当大量的极端化词语煽动情绪时,足以使人的思考短路,极易受到诱导。这种群体化的诱导会在群体中扩散,形成"沉默的螺旋"和"从众效应",而产生主流与共鸣。古斯塔夫在《乌合之众》一书中写道:群体易受轻信、暗示与传染。不断重复的说法最终会进入无意识的区域,到了一定的时候,人们会忘记谁是那个不断被重复的主张的作者,认为它来自自己的判断,最终对它深信不疑。[①] 而一旦人被卷入这种传染、从众、模仿的漩涡时,一个头脑清醒的人也会失去判断能力,被议程设置的引导主流而主导。而在极端性语言引导下的广告议程设置,强度较高,公众的关注度也较高,参与性也会较高。如汶川地震时王老吉在震灾晚会上捐款一个亿,第二天,天涯社区爆出一个帖子《封杀王老吉!让王老吉从中国的货架上消失!》,这样极端化的标题引起了轰动,引起了网友的广泛关注。点开标题,正文如下:"王老吉,够狠!这个胆大妄为的企业,它向地震灾区捐款一个亿,胆敢是万科老总的 200 倍,我们发誓,以后它的饮料,我们上一罐买一罐,直到买光为止。"此帖的点击率、转载率和复制率及评论都极高,与营销者的议程设置中语言的极端性有很大的关系。

【案例】"女明星"事件

某女明星去世之前,病房外挤满了记者,他们在等,等她死。

记者们都在焦灼,想以最快的速度把这条消息发回报社、网站、电视台,然后把这条新闻传播到所有人面前。甚至,我猜想,他们或许在医生宣布女明星死讯之前就已经写好了稿子,只等 ICU 的病房门打开,他们就会按下那个让他们等了许久的回车键。然后,媒体上就会多出一条消息:今天下午,女明星死了,2015 年 1 月 16 日。新闻就是这样产生的,新闻就是这样阅读的,此刻,无数冷冰冰的屏幕上,已经开始讲述一个鲜活生命的离开。由于不热衷娱乐新闻,之前对女明星的全部印象,只有 2013 年的某首歌。

最后就是关于她病重身亡的消息和经纪人的不断否认,身边的人都惊奇:不会吧,活蹦乱跳的一个大姑娘,假新闻吧。

直到今天,尘埃落定。媒体都惺惺作态地打出"天堂没有疼痛"之类字眼,高高地挂在他们的头版,招摇晃眼,唤着所有读者:"看过来,头条在这儿。"

我说,我要是女明星的家人,一定狠揍这帮麻木的记者一顿。身边同学说,我也想。

熙熙攘攘地拥挤在女明星病房前的记者,在等待的过程中就输了,不管他们的稿子写得多精彩,至少他们在那一瞬间是冰冷的。

记者需要新闻素材,需要稻粱谋,他们也有生存压力,但是无论如何,一想到他

① 古斯塔夫·勒庞著. 乌合之众[M]. 戴光明,译. 广州:新世纪出版社,2010.

们面朝着病房等着一个人的死讯，厌恶感就涌上心头。

1994 年，黑人摄影师凯文·卡特的摄影作品《饥饿的苏丹》获得当年的普利策新闻奖，巨大的荣誉和批评同时而来："为什么不去帮帮那个小女孩？"几个月后，他自杀了，只留下一张字条："真的，真的对不起大家，生活的痛苦远远超过了欢乐的程度。"

耳边响起了女明星的歌："随它吧，随它吧，一转身不在牵挂。"借用一句话送给女明星："你是最短暂的花朵，也是最长久的琥珀。"

这些相关文字有些具有极端性和刺激性，引起了人们对女明星长久的同情、追思与怀念，天籁之音成为永恒的经典。声音成为人们对女明星唯一并永久的怀念。歌曲卖座也就在情理之中了。

4.2.1.2　广告兴趣点刺激与扩散

选择公众感兴趣的话题进行刺激，因为兴趣点所在才能刺激公众注意并参与广告。同时要选择社区论坛或自媒体（如公众微信号、QQ）进行扩散，利用朋友圈的魔弹扩散效应，是广告议程设置的成功渠道。朋友圈中的信息扩散性强的主要原因有以下几点：第一，因为来自熟人，所以可信度较高。当微信被点赞或附和时，新的意见领袖和传播点就形成，而微信中有许许多多这样的传播点，这种传播点便没有中心，是一个互联的去中心的拓扑结构，人人都是传播者，人人都是被传播者，有时由某个人发出的信息经过圈层传播后，又回到这个传播点。朋友圈中的信息具有病毒式传播的魔弹扩散性。他们只因为得到了一个惊人的信息而转发并评论。第二，朋友圈是一个相对封闭的社交网络，没有信息筛选机制，也不具有信息搜索功能。又因为都是熟人，为给写微信的人面子，一般都会赞同或附和其发言，而进一步完成广告的参与和扩散。这样，就更易产生从众效应和沉默的螺旋效应，使一种意见成为群体意见，形成群体的共鸣。于是广告中的内容与信息也就扩散出去了。在封杀王老吉的热帖中，形成了"要捐就捐一个亿，要喝就喝王老吉"的核心议题信息。

4.2.1.3　广告议程中的互动与斗争性

德弗勒给议程设置的定义是：媒介似乎把我们的注意力导向某种特定的问题或争端，这一效果就被称为大众传播的议程设置功能。这种议程设置决定了人们谈什么，想什么，怎样想。我认为，具有斗争性的话题能保持持续的关注度。在斗争性的话题引导下，媒体对人们关注的对象和议论的话题具有决定性的引导作用，控制思想的效力是不可置疑的。广告要充分引起消费者注意及参与，最好要有两方相反的观点或行为对比。

　　因为广告转换成议程上的议题往往是在多个主体的参与下实现的，没有斗争就没有争议，没有争议就没有讨论，没有讨论也就不会引起公众的参与，广告议程设置也就无法完成。所以，广告议程式设置要起到更好的舆论效果，引起轰动，最好的方式就是有至少正反两方的观点交锋。社会化媒体使此议程设置的各个环节不断交互融合，在议程设置的过程中，一种非线性、开放的、交互的议程设置方式出现，个体议程与圈群议程是一个交互推进、融合发展的过程，也是一个非线性的、螺旋上升的过程，这个过程可以影响门户网站或传统媒体的讨论，同时，门户网站或传统媒体也可以介入这一过程，影响个体议程与圈群议程的讨论。[①] 彼此互动，不断斗争，直到强势一方意见占主导地位为止，或互相让步，推出一种中立的立场和观点为止。在斗争的过程中，也就是广告议程扩散和公众参与的过程。如封杀王老吉的热帖后，引发网友的争论，一方观点为：爱人者，人恒爱之，王老吉在汶川地震中的突出表现，让网友支持王老吉，喝王老吉，因为救灾他们出了一个亿，喝了王老吉等于也在献爱心救灾；另一方观点为：喝不喝王老吉与救灾无关。两方观点的争论与讨论其实是王老吉做的广告与救灾的关联性问题，过去的广告表现完全由广告公司和营销者来完成，而网络互动参与环境下的广告表现不是完全由广告公司和营销者来完成的，营销者只设置一个议题，剩下的广告内容由消费者来补充。"消费者内容参与"成了大数据时代和网络互动时代广告表现的最大特点之一。

4.2.1.4　广告议程的隐蔽性触发

　　思想控制者可以设置主导议程，主导议程还可以有其他"隐蔽性触发议程"。其实，只要有人愿意设置议程，还可以有与主导议程相关的其他的触发点，设置更多的议题。冲突呈现出显性与隐性交织的格局。主导议题中的冲突不都是显性的、外在的冲突，还会有隐蔽的、潜在的冲突，而主导议程的互动与冲突会为隐蔽性议程的提出提供条件。

　　隐蔽性议题是与主导议题有因果关系、并列关系、递进关系、对比关系的议题。"隐蔽性"议程设置是在主导议程的掩盖或衍生下而生出的另一个议程，此议程对于引导公众行为起到了很大的作用。"隐蔽性"议程设置方式是隐蔽的、间接的，效果却是卓越的，它在主导议程的掩饰下发挥效应，引导人们的行为。广告议程设置可以是主导性的，也可以是隐蔽性的。例如，引导消费者讨论议题 A 的目的是为了引导其关注议题 B。如一则《为哄女儿上幼儿园，北京老爸做了辆最萌校车》的网文和相关微博打动了不少网友，并且一度成为微博热门话题第二名和百度头条

---

① 杜智涛. 社会化媒体对议程设置的助推与创新[J]. 传媒，2014(1).

第一名。后来记者发现"中国最萌校车"话题页面上显示的阅读量非常大。许多消费者表示"有个这么有爱的爸爸,女儿好幸福""这个老爸真有创意""这是别人家的老爸"等,也有网友质疑这辆改装过的车能否上路,提醒文中的父亲注意遵守交通法规。还有网友表示质疑,这辆"校车"的号牌处没有正规号牌,而是放置了类似于某款游戏的广告牌,"校车"真的像文中说的那样是父亲为接送孩子打造的吗?经过消费者进一步的参与与讨论,有人提出这辆所谓的"最萌校车"实际上是一场广告策划活动,目的是为了宣传一款游戏。而当有人提出涉嫌违反新广告法中关于不得利用未成年人代言的规定,应受到相应的处罚时,此广告议程的内容和讨论进一步白热化。

这项广告策划很明显,属于隐蔽性议程设置,因为表面上讨论是萌娃上学和萌爸造车的事件,但实际上是为了通过这款最萌校车和网友对整个事件的关注来推送网络游戏中的主打产品。因涉嫌违反广告法而使广告议程本身更具斗争性,消费者使用的词语也更极端化,议程扩散的过程反而更快。

4.2.2 大数据广告议程设置模式

大数据广告议程的设置是怎样的呢?根据以上广告议程设置过程分析,广告议程设置模式如图4-1所示。

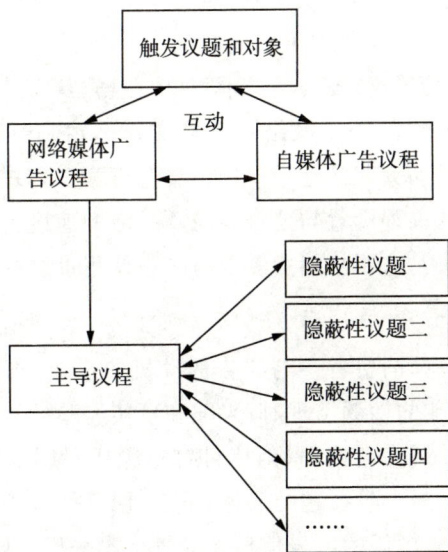

图4-1 广告议程设置模式

此图可分为两个部分:第一部分为个体与触发对象的互动过程。广告议程设置中,由广告主首先发起议程,触动对象,不断有触发对象讨论、参与,再重新进行引导,再由个体转发的圈层循环过程。在这个过程中,极端性的议题最易触动个体与触发对象,通过触发对象与原始议题引导之间的斗争达到强化和巩固议程的目的。广告议程中具有"斗争性"和"极端性"的议题易引起关注。第二部分为主导议程对隐蔽性议题的作用。主导议题范围越大,强度越大,隐蔽性议题越有进一步讨论的价值。在显性冲突中激发了隐性冲突,引发了公众对更多问题的思考。主导议题与隐蔽性议题之间有因果关系,主导议题与隐蔽性议题有递进关系,主导议题与隐蔽性议题有对比关系等都易引起讨论。

大数据环境下广告的每一个环节都需要营销者与消费者的双向对话,一起创作和反向定制。消费者在大数据广告中承担了多种角色:创造者、发布者……他们参与方方面面,在接收信息的同时也在创造广告信息,在接收广告的同时也在发布广告,每个个体消费者都将成为新的消费主导者、参与者和创作者,只要他能有效地设置广告议程。

4.2.3 大数据时代广告的参与及扩散

大数据环境下的网络媒介相对于传统媒体最大的优势和价值是在数字媒体中通过技术重构了另一个虚拟的物质场景,重现了另一个时空的传播。此种虚拟空间的传播具有"多空间区隔性",即可以同时与多个单元的一个人或一群人进行完全封闭的交流,彼此不受干扰;现实场景中"身体在场"具有一元性,虚拟场景中"思想在场"具有多元性。而且,基于网络各种社交媒体,构建的是人们之间的"强关系""互动性强""心理震动大""甚至产生群体集合行为""蝴蝶效应"非常显著。

大数据时代广告的议程设置与公众参与及扩散的速度为什么如此快?什么样的内容扩散的速度更快?这要从消费者参与广告议程设置的动机开始谈起。

4.2.3.1 消费者参与广告的动机

可以从三个方面解释消费者参与广告的动机的形成:第一,在认知上,没有人是全知全能的,当感兴趣的话题出现时,兴趣和事实经验的缺乏产生了讨论;第二,在心理上,每个人都有感情,会憧憬、困惑、愤怒、厌恶、嫉妒、怀疑、恐惧,这些情感因素会大大增加人们参与广告议题的兴趣;第三,偏见使人们更易相信与自己立场一致的广告信息,哪怕是虚假的广告信息。经过文本分析,具体的参与广告的动机有以下几种:

(1)利用获益心理参与。产生"蝴蝶效应"的消费者参与式广告常会有一些奇异吸引子,这些奇异吸引子往往是有趣的、有益的或奇特的。这些奇异吸引子常源自人们获益或同情的心理。人们期望获益,特别是不劳而获的收益,所以当"转发某某酒店开张大吉至朋友圈,截图可免费领取自助餐券一张"一类的参与式广告出现时,为了获益,公众充当了广告的传声筒。

另一种以商业利益为目的的广告一般采取隐蔽性手法,如以"求助"或"利他"的形式,利用人们的同情心,如:"今天上午一个三岁多的小女孩在某某小区附近被人拐走了,小女孩上身穿的是 ANNIL 的蓝色外套,下身穿的是 ANNIL 的黑色裤子。从监控上看是被一个 40 多岁男人抱走了,现大人都急疯了,有知情者请告知,万分感谢!看到信息请与××电话号码联系……"此为 ANNIL 的广告,利用了公众的同情心,通过消费者的广泛自主传播来扩大品牌的知名度。

(2)发泄情绪类参与。"发泄情绪"类广告议题的制造者通常易受到社会变革的反抗者和受冲击者的关注。为表达内心的不满,更易参与"发泄情绪类"广告议题,这类广告议题的参与者"是中间地带的抵抗中的一种有力的手段,不像革命者那样强悍,但又比'弱者的武器'发挥的功能更强大"[1]。这种内容的生成多数暗含对社会优势群体的谴责,通过表达震惊和愤怒情绪,使传播者(弱势群体)获得控制感、自我定位和相对安全感。所以,社会弱势群体的相对被剥夺感以及社会怨恨是发泄情绪、参与此类广告的主要心理动因。此类传播内容容易在社会信任危机中引起集体恐慌。一旦激发了公众的情绪,引起了社会恐慌,群体的信念还有着残忍的特点[2],会产生较严重的社会影响。需要营销者多加引导,即能激起消费者对产品的正面感,又不会引起较恶劣的社会影响。

(3)自我调节式参与:娱乐、爱好或欲望。参与广告内容也是个人精神上的一种自我调节。个体通过参与、讨论、社交来摆脱困扰,寻求调节、自我娱乐和心理平衡。社会压力越来越大,人们在不断寻求新的解压方式,当媒体中的娱乐话题或现实中的娱乐事件无法满足其缓解压力的动机时,有人就开始参与网络传播并以此为乐,均以个体娱乐爱好为动机而产生。

(4)群体的社会认同——集体兴奋与朋友圈感染式参与。在数字媒体中,受众参与某个广告议题的讨论,主要有以下几大动机:发掘事实、发展人际交往、提升自我、引起关注获得朋友圈群体的社会认同。

大数据媒介中基于 Web2.0 技术的"交互式媒介"主要是一种社会化关系网

---

① 胡泳. 谣言作为一种社会抗议[J]. 传播与社会学刊,2009(9).
② [法]古斯塔夫·勒庞. 乌合之众:大众心理研究[M]. 北京:中央编译出版社,2004:53.

络,其中大部分信息都是为了营造用户更好、更全面的社会关系,包括消费者对广告议题的参与和传递:获得社会认同是其传播和参与的主要的目的和动机之一。广告议题在传递的过程中,事实被发掘,其作为一种"谈资"或"认同",在传递的过程中丰富了人际交往的话题、强化群体内成员间的联系。具体来说,有以下几种社会认同:

一是从众行为获得群体认同。从众是指人们在发表言论或行为时,会先探测外部多数人的言论或行为,选择与大多数人一致的言论或行为。这也可以称为群体压力下的社会认同。经济学家第默尔·库兰的"知识伪化",也认为人们会在公开言论中错误地表达自己的实际认知,即在大众言论面前伪化自己的既有知识,或压制他们的怀疑。[①] 人们相信前面的议题内容,或是因为议题内容本身与原有观点相符,或是想得到圈子的群体认同。

而且,如果群体有某种共同的"集体记忆"或"集体潜意识",广告议题的制造者就很容易利用这种"集体记忆"或"集体潜意识"获得群体认同,消费者也会因为这种原本就存在于心中的普遍的"集体记忆"而参与和传播广告内容。

二是认知和谐(与已有观点相接近或吻合)。费斯廷格认为,人总是无穷尽地追求认知协调。如果我们觉察到信念、态度或行为的不一致,我们就会有强烈的不安感(认知失谐),它会驱使我们改变信念、态度或行为,以恢复认知和谐。

认知失谐论将认知的基本关系分为和谐、失谐和无关三种:认知和谐是人们所追求和期望的,认知无关是可以视而不见的,而认识失谐则必须设法解决。勃里姆与柯享指出受传者面对失谐的办法有:①合理化解释,即试图为他们的某种不合理、不和谐的行为作出合理的、和谐的解释。②回避性阅听,即极力回避或有选择地阅读对己不利的和容易引起自己心理不和谐的信息:人们听到与原有知识体系相符的广告信息时,会趋于接受,达到心理上的认知和谐;人们听到与原有知识体系不符的广告信息时,会回避或不接受,也是为了达到心理上的认知和谐。

奥尔波特和波斯特曼也认为,在任何情况下,认知的变化过程和情感的激化过程都是融合在一起的。[②] 追逐认知和谐与认知平衡,是参与和传播广告的动因之一。很多时候,人们愿意参与或传播广告内容的关键,是因为已有议题或内容与个体原有观点相近或相吻合。面对广告内容中的刺激点,个体会提取记忆库中原有的信息,进行选择性信任和选择性传播。

---

① [美]卡斯·R. 桑斯坦. 谣言[M]. 张楠,译. 中信出版社,2010:48.

② Alport, G. W., Postman, L. J. (1947). The psychology of rumor, New York: Holt, Rinehart&Winston,P. 99.

三是弱势群体:体现自我诉求或自我形象。数字媒体中广告内容的参与和传播也是"弱者的武器"。弱势群体通过非官方话语来拒绝官方的意识形态及其所代表的强者的威严与力量。① 能回应我们从其他途径无法表达的对抗性诉求。② 弱势群体的被剥夺感与受压迫感也是数字媒体中人们参与和传播广告信息的主要动因之一。通过广告内容的参与来实现现实环境中无法实现的地位,体现自我诉求或形象。

四是获得朋友关注。传播的关键在于鼓动情绪。处于环境危机、社会动荡、道德恐慌和信任缺失的社会文化大背景下,当有能调动人们情绪(憧憬、困惑、愤怒、厌恶、嫉妒、怀疑、恐惧)的信息出现时,个体产生焦虑不安,不同个体间开始信息交易,整个事件进一步激发了社会的集体无意识和集体记忆。③ 广告议程可能在这种"集体记忆"和"集体交易"中迅速扩散,宣泄情绪、表达诉求、社会抗争、争取利益。人们也通过传递于己有利,于对手不利的信息来提升自我形象。通过模糊发言人角色,空间上的不在场,或第三方发言来提高文本本身的可信性、详尽性、科学性、奇异性,同时利用情绪、道德批判、偏见、群体认同等社会心理因素使其更容易被朋友圈接受。

五是发掘事实:集体交易。法恩认为:"分享是一种试错式的问题解决过程。"④传播的目的之一是为了挖掘事实和真相。另外,对于处于信息饥渴状态的公众来说,任何具有刺激点和兴奋点的广告议程都会作为一种有价值的信息广泛传播。但科罗拉多实验认为:当想法类似的人聚在一起讨论时,他们通常会达到一个比讨论前的倾向更为极端的立场。⑤ 究竟广告过程中发掘事实还是"群体极化"就要看信息场的信息流入和舆论场的博弈。但在数字媒体这样一种社会交往媒体中,即使是传播广告、参与广告也是为了社会交往,获得谈资,拉近关系,所以,这种集体交易下的事实发掘带有很大的"人情性""封闭性",也利于形成"极端化"。

4.2.3.2 消费者参与广告的传播过程和阶段

(1)参与式广告传播过程和阶段:放射形强关系传播

基于大数据 Web2.0 交互式技术和网络拓扑结构,社会关系和社交网络的广

---

① Scott,J. S(1985). Weapons of the weak: Everyday forms of peasant resistance. New Heaven. CT: Yale University Press. 202.

② Knapp • R. (1944). A psychology of rumor. Public Opinion Quarterly,8,22—27.

③ 周裕琼. 当代中国社会的网络谣言研究[M]. 北京:商务印书馆,2013:43—44.

④ Fine, G. A. (2007). Rumor, trust and civil society: Collective memory and cultures ofjudgement. Diogenes,213,5—18.

⑤ [美]卡斯•R. 桑斯坦. 谣言[M]. 张楠,译. 北京:中信出版社,2010:56.

告传播不是"弱关系传播",是一环扣一环,传播速度更快,传播更深的"放射形强关系传播"。

具有更强的扩散性。朋友圈中信息扩散性强,主要原因有:第一,来自熟人,可信度较高,当广告内容被点赞或附和时,新的意见领袖和传播点形成,而社交媒体如微信中有许许多多这样的传播点,这种传播点没有中心,又都是中心,是一个互联的去中心的拓扑结构,人人都是传播者,人人都是被传播者,有时由某个人发出的信息经过圈层传播后,又回到这个传播点,朋友圈中的信息具有病毒式传播的魔弹扩散性;第二,公众不考究信源,盲目转发、评论与参与,大多数人并不运用理性、逻辑、推理和判断去考究信源,分析信息,他们只因为得到了一个惊人的信息而转发并评论参与,这种盲目的广告参与充当了营销者的工具和助推器;第三,社交媒体如微信、QQ 是一个相对封闭的社交网络,没有信息搜索功能,又因为都是熟人,为给发信息的人面子,一般都会赞同或附和其发言,这样,就更易产生从众效应和沉默的螺旋效应,使一种意见成为群体意见,形成群体的共鸣。

(2)参与式广告的扩散过程:议程设置—爆发—延续—结束

在"议程设置"阶段,营销人员利用消费者可能参与广告的种种动机(前文所述),制造刺激兴奋点,设置议程。此议程能引起受众的足够关注和兴趣,形成广告的参与和讨论,这是"爆发"阶段,突发性事件打破了既有的平衡,个人参与和转发迅速涌现;在"延续"阶段,人们不断为广告议程和内容注入新的解释,广告就此传播开。所以,我们将大数据环境下广告议程参与式广告分成议程设置—爆发—延续—结束的过程,如图 4-2 所示。需要说明的是,前文所述,只有能体现数字媒体优势的广告才是真正的数字媒体广告。一般的旗帜广告、弹出式广告等都不能体现 Web1.0、Web2.0 和大数据本身的优势。不属于有竞争力的数字广告的范畴。只能说是平面广告或电视广告在数字媒体中的再现。

一是议程设置。0 至 A 点是议题的设置阶段。广告议题的设置要注意三点,一般才能引起消费者的注意和讨论:第一,广告议题一般会与潜伏在公众心目中已经存在的"集体记忆"或"集体潜意识"相结合,如从食品安全、社会治安、封建迷信、公众道德与伦理等问题的共识和关注说起。如果没有潜伏在公众心目中已有的"集体记忆"和共同意识,议题便不一定会触发或爆发。所以,潜伏期看似不存在,实则是广告议题设置的基点和关键。潜伏期以以前的记忆或认知为基础,一旦有足以引起兴趣的奇异信息流入系统,系统内平衡被打破,讨论与参与就开始了。第二,利用各种修辞使广告议题的表达较有新意。如使用对比、夸张、悬念、反语、排比、拟人等修辞手法,引起相关奇异吸引子。当相关奇异吸引子出现在广告议题中时,便会引起参与和讨论。

二是触发与讨论。AB 段是广告议程的讨论与触发阶段。传递有"社会流瀑"和"群体极化"的过程特点;"社会流瀑"是指人们追随一些先行者或"意见领袖"的从众行为,"群体极化"是指想法相似的人聚在一起的时候,他们最后得出的结论会比交谈前的想法更加极端。在如微信这种"强关系"媒体的信息推动下,广告更易形成"社会流瀑"和"群体极化":第一,数字媒体中有许多社会交往媒体,人们使用此媒体最主要的动机在于展现自我形象和进行社会交往,在消费者眼里,广告的议程只是他们关注的一个话题,并非是广告,不会产生传统广告的逆反心理。第二,在社交圈中,为维护良好的关系或促进更良好的关系,一般发在朋友圈的信息,即使有人不认同也不会说出来,相反还有部分人为获得朋友的好感和认同,转发、点赞。这就更产生了"社会流瀑"现象。第三,通过自己的认同、转发或点赞行为,更强化了此广告议程与内容在个体心中的位置和印象,本来怀疑的内容变得深信不疑,形成个人记忆、个人观点的一部分。用心理学上的"承诺-一致"原则来解释,即个体一旦公开表示认同某观点,出于认知和谐,不会再轻易推翻原有观点。久而久之,个体也分不清究竟是自己原有的观点,还是出于社会关系"人情"或"面子"暂时未质疑或曾经质疑的别人的观点。

网络信息流的强度与社交圈的关系强弱有关。斯坦利·米尔格兰姆提出六度分割理论或小世界理论:即个体和任何一个陌生人之间所间隔的人不会超过六个。这就是六度分割理论,也叫小世界理论。社会网络的理论基础正是"六度分割"。广告议程传播的"放射形强关系传播"恰如"六度分割理论",即通过若干人的强联系和强关系形成有效传播。六度分割很好地阐述了一个网状的社会结构,增强了不同节点之间的联系和连接关系。这恰能解释广告议程设置与触发甚至爆发传播的网状关系扩散过程。

三是延续与结束。BC 是广告议程的延续讨论阶段。CD 是广告议程讨论的结束阶段。每个成员接受—同化—传递的过程是一个意义分享的过程。[①] 但只有当不断有新的信息进入时,广告议程才能保持延续和受关注,如果没有信息的不断流入,则人们对广告议题的关注会慢慢减弱并归于平寂。从信息熵理论来看,广告系统有负熵(信息)的流入,才有熵减的过程,整个系统才能不断活跃,若没有负熵(信息)的流入,则系统很快达到稳定和平衡,广告议程终结。而新的信息(负熵)的

---

① ［法］弗朗索瓦丝·勒莫．黑寡妇:谣言的示意及传播［M］．唐家龙,译．北京:商务印书馆,1999: 33.

再次流入又会再一次打破这种平衡和稳定,系统再次活跃,形成涨落或巨涨落,整个系统再一次进化和发展(广告重新开始)。从这个意义上说,触发和延续广告,扩大广告的参与度最好的方法就是不断制造新的奇异吸引子来使人们不断地再谈论它。

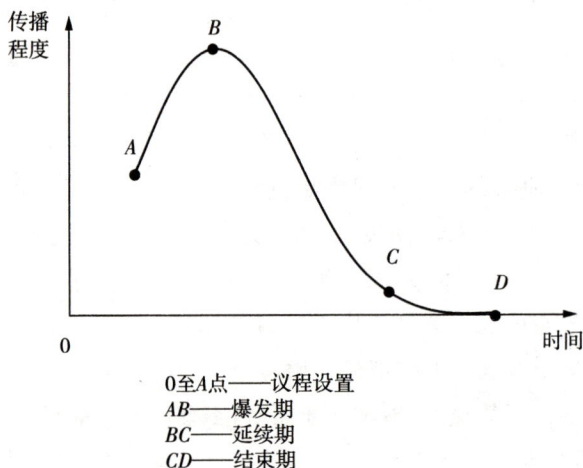

图（折线图，纵轴为"传播程度"，横轴为"时间"，曲线依次经过A、B、C、D四点）

0至A点——议程设置
AB——爆发期
BC——延续期
CD——结束期

图 4-2　议程设置式广告的过程图

4.2.3.3　大数据时代广告参与传播公式

广告参与和传播程度与以下几个因素相关:

一是此议题对消费者的重要性和关联性;如议题对消费者较重要,关联性较强,则参与的可能性较大,程度较深,反之,则消费者参与的可能性和程度都较弱。

二是事实的模糊性。消费者参与的动机之一是为了获得事实的确定性,事实越模糊,越不确定,讨论的程度越深。

三是原有观点的契合度——与集体记忆、个人记忆有关。广告议题与原有观点的契合度越紧密,广告传播的程度越深。原有观点有一个基础,就是集体记忆或个人记忆。集体记忆是法国社会学家莫里斯·哈布赫最早提出的概念。"集体记忆在本质上是立足现在而对过去的一种重构"[1]"一旦一个回忆再现了集体知觉,它本身就是集体性的了"[2]。历史有惊人的相似,许多广告议题也有惊人的相似,许多只是换了人物、时间、地点,照样在朋友圈里广为传播和扩散。这都基于人们

---

① ［法］莫里斯·哈布瓦赫. 论集体记忆［M］. 上海:上海人民出版社,2002:59.
② ［法］莫里斯·哈布瓦赫. 论集体记忆［M］. 上海:上海人民出版社,2002:284.

集体记忆和个人记忆的建构,因为这些议题都是似曾相识的,是与原有观点相符或相似的信息。循环出现,证明它是一个深藏在集体意识中的解释系统,通过一个现有的事件而现实化的结果。

四是关系强弱——产生不同的群体认同、群体压力。关系越紧密,群体认同感越强,群体压力也越大,广告议程的杀伤力越强;反之,朋友圈关系越松散,群体认同感越弱,群体压力也越小,广告议程的杀伤力越弱。

综上所述,广告参与的传播公式:广告议程的传播度=广告事件重要性×广告事件模糊性×广告已有内容与原有观点的契合度×朋友圈关系强弱。

4.2.3.4 大数据广告议程设置的关键:沉默的螺旋与创新扩散

大数据环境下广告的议程设置是一个消费者参与的过程,在此过程中可以利用沉默的螺旋理论来优化整个过程。任何个体或营销者都可以对广告议程进行设置,关键是设置的议程如何引导才能激励受众参与到广告议程中来。除了前文所说,使用极端性语言吸引眼球、朋友圈及种种社交媒体进行创新扩散、斗争性语言强化议题的讨论、进行隐蔽性触发外,在讨论的过程中还要注意使用沉默的螺旋理论强化主导议程内容——对产品或广告主有利的内容。研究发现:

(1)个人意见的表明是一个社会心理过程。社会天性使人总是力图从周围环境中寻求支持,避免陷入孤立状态。当发现自己属于"少数"或"劣势"意见时,一般人就会屈于环境压力而转向"沉默"或附和。在广告议程设置中,消费者讨论的内容和方向有时会偏离主题,或最终产生对广告主不利的后果,这时,就需要找到一些网络推手,进行议程内容的引导,发挥沉默的螺旋效应,让公众朝着有利于产品或企业的方向讨论。

(2)意见的表明和"沉默"的扩散是一个螺旋式的社会群体传播过程。因为议程中网络推手的数量只有一部分,大部分内容还要消费者来参与讨论并完成。所以,要引导公众议程朝着有利于企业和产品的方向进行也是一项螺旋式的扩散和复杂的思维和实践活动。在螺旋扩散的过程中,要注意运用群体心理和群体传播的特点。群体就像是一个活的生物,它会形成自己的感情,有自己的思想,这种群体中共同的感情与思想,就是群体心理。

一是群体传播的极端性:在不断地引导、模仿、传染和暗示下,群体的意见趋于同一,但也更为极端化。因为一个人必须为他的行为承担责任——法律上和道德上的,所以个人在表达意见时可能瞻前顾后,但是群体则不然,群体即使出现了不妥行为,因为罚不责众,也不需要个体独自承担责任,这就为群体的极端性行为提供了一个保护伞。在保护伞的保护下,个体更加可能将一般无处发泄的各种情绪发泄出来,有时,群体行为只是个体私怨的出气筒。在群体保护伞的保护下,群体没有负罪意识,群体天然合理,他们无论做任何事情都是合乎正义的,因为他们的数量决定了这一点。[①]

二是群体最终的同质化使得沉默的螺旋成为一种过程和结果:在群体心理中,通过不断上升的沉默的螺旋,原来是突出的才智被削弱了,在群体的害怕孤立的压力下变得趋同。表现出差别的异质化被同质化吞没了,最终是沉默的螺旋作用下的群体意见掩盖了个人意见。

三是利用群体传播的传染与暗示性快速形成主流意见:感性的、冲动的、极端的情绪特别容易传染,沮丧、阴暗的、匪夷所思的内容在群体心中有一种"集体潜意识",尽管令人难以置信,但偏偏有人愿意相信,更有人愿意讨论。相当部分人讨论这些内容并不是因为相信议程中的主人公正在承受这类事件,而是自己曾经经历或害怕经历,而理智的、冷静的情绪在群体中不起任何作用。在利用沉默的螺旋时,要适时进行群体的暗示。暗示是一种无意识状态,通过暗示,引导公众进入主流议程所设置的内容,并让消费者自己说出来,这种暗示,会让消费者认为这是他自己的意见,而非受人引导。

四是从群体的支持性信息入手,利用群体的伪推理与想象力形成主流意见。民众的好奇心使虚构的内容对群体的影响很大,人们像听故事一样看议程内容,在主流意见形成之前,应该先从与消费者观点相一致的信息或细节入手,获得消费者的认同,再找到主流意见与此支持性信息之间的关联和一致之处,进行进一步引导。

(3)"沉默的螺旋"理论,提示了一种强有力的数字媒体中广告的传播观。

第一,数字媒体中广告舆论的形成是大众传播、人际传播、群体传播共同作用的结果;信息的共享与分享是数字媒体中广告形成的基础,大众传播是数字媒体中议程广告扩大的助推器,群体传播是数字媒体中议程广告深入人心、形成主流和主导意见的关键。

第二,数字媒体中无论组织、个人提示的意见只要具有一定的兴趣刺激点,容易被广泛和公开讨论,这种讨论式的引导最终形成主流意见。

第三,环境认知带来的压力会引起劣势意见和优势意见的螺旋式扩展过程,并导致广告议题的广泛讨论以及主要广告内容的诞生。广告传播通过营造意见环境来影响和制约舆论。舆论不是公众理性讨论的结果,而是意见环境的压力作用产

---

① [法]古斯塔夫·勒庞.乌合之众:大众心理研究[M].北京:中央编译出版社,2004.

物。从这个意义上说,议程广告也是舆论广告。

4.2.3.5 参与共享:大数据广告意见的创新扩散

营销者在大数据时代的广告表现这一环节,没有独自表演,而是在 Web2.0 参与式媒介和网络技术的支持下,设置了一个消费者感兴趣的话题,吸引消费者共同参与讨论,扩大影响范围,并通过议程设置理论、沉默的螺旋理论、创新扩散理论共同进行群体心理的扩散和群体传播的扩散。在这个营销者与消费者共同营造的广告信息环境中,围绕一个共同的议题对消费者进行激励,引导其逐渐向营销者设置的主流意见靠拢,并且还要让他们认为这是他们自己的意见。这种暗示、传染与引导的过程是信息的不确定性减少、确定性增加、负熵不断流入的过程。

创新扩散是参与者们互相发布并分享信息以促进相互理解的过程,在两个或多个个体交换信息以使彼此接近对特定事件的理解更接近[①],这意味着广告传播是促使消费者趋同的过程。创新也是一个社会构建的过程,在过程中趋同。

罗杰斯认为,创新扩散中的四个主要因素是创新、传播渠道、时间以及社会系统。[②] 广告议程设置中的创新是指创新的广告主题或广告信息,决定接受还是拒绝创新的过程就是寻找信息、处理信息的过程,个体通过交流信息来减少不确定性。创新广告信息的特征:相对优势(奇异吸引子);简单性。创新广告信息要易于传播与扩散,要具有奇异吸引子,还要简单易懂。因为没有奇异吸引子的内容不利于引起人的注意,而太复杂和太深奥的内容不利于扩散。一般来说,能引起注意的奇异吸引子有以下几类:刺激性奇异吸引子、趣味性奇异吸引子和有用性奇异吸引子。

刺激性奇异吸引子是能够刺激眼球的内容,一般通过极端性内容,刺激物的新颖性和强度、悬念来吸引受众。趣味性奇异吸引子是指幽默的内容通常引起受众的兴趣和持续关注。有用性奇异吸引子是指对部分受众有用的信息和内容通常易引起兴趣和关注。

(1)相同性与扩散性:在自由选择的条件下,如果个体可以选择,一般来说会选择与原有观点相似或相同的内容进行参与、评论和扩散,这是心理学上的支持性信息。另外,评论者的身份若与发言者相同,更易于信息的进一步评论和扩散,因为"自己人"效应的体现。所谓"自己人",是指对方把你与他归于同一类型的人。"自己人效应"是指对"自己人"所说的话更值得信赖、更容易接受、更感兴趣,因而更易

---

① 罗杰斯. 创新的扩散[M]. 北京:中央编译出版社,2002:5.
② 罗杰斯. 创新的扩散[M]. 北京:中央编译出版社,2002:11.

讨论和参与。

(2)相异性与扩散性:但相同不是绝对的,若完全是自己人参与讨论或完全相同的信息不断出现。对同一创新广告议题的认同完全相同,也不会发生扩散,因为没有可交换的信息。若整个广告的参与都是完全的信息重复和模仿,那么也不可能发生扩散。因为没有负熵(新的信息)的流入,系统一直处于稳定状态。只有在有不断的新的信息流入时,系统才能处于不稳定和不均衡状态,才能激发人们长久的兴趣和关注。

(3)扩散的速度与内容的复杂性有关:扩散的速度与扩散的渠道和扩散内容的复杂性有关。

一般来说,扩散的内容越复杂,越不易扩散,因为不符合大众的认知水平;一般简单易懂的内容更容易扩散。

(4)扩散与社会系统/社会结构:社会系统或社会结构发生改变时,系统平衡或不平衡。罗杰斯认为,系统中有三种形式的平衡:第一种是稳定平衡——发生在社会系统几乎没有任何结构和功能的改变时,在完全孤立和传统的系统中会产生稳定平衡。第二种是动态平衡——发生在社会系统的创新速度与其适应的速度相称时。创新发生的动态平衡的系统中,前提是系统以相应的速度来适应这种创新。第三种是不平衡——改变发生太快时,社会系统来不及调整。[①] 在广告的议程设置中,也存在这三种形式。广告议程设置要尽量出现动态平衡和不平衡状态。当相应的议题触发后,系统不平衡,消费者内心也出现不平衡,强烈地需要以极快的速度参与到广告议题的讨论中去,当大部分消费者都参与讨论,并初步达成一种意见或几种意见时,其实就是系统在以相应的速度调整以尽快适应这个突如其来的创新议题,当系统完全适应创新议题时,也就达到了平衡状态。由此可见广告议程设置中的创新性非常重要,只有创新的内容才能产生系统的不平衡。

(5)大数据时代网络扩散比传统媒体扩散更快:网络的去中心点的拓扑结构和节点间的连接有效性,决定了传播和扩散的速度会比传统媒体的扩散过程更快。而互联网和社交媒体的亲密结合,更加促进了这种物以类聚的生态形式。"六度空间理论"告诉我们:"你和任何一个陌生人之间所间隔的人不会超过六个,也就是说,最多通过五个中间人你就能够认识任何一个陌生人。这就是六度分割理论,也叫小世界理论。"米尔格兰姆提出六度分割理论,认为世界上任意两个人之间建立联系,最多只需要 6 个人。根据"六度分割理论",大数据时代网络媒介广告议程设

---

① 罗杰斯. 创新的扩散[M]. 北京:中央编译出版社,2002:412.

置中,创新议题扩散的速度比传统媒体会更快。

4.2.3.6 病毒式传播策略

病毒式网络视频广告是广告主通过互联网中的视频把产品或信息传播给目标受众,受众在接收过程中又将产品或信息主动、快速地传给他人的一种网络广告形式。在"病毒"传播过程中,传播执行者是受众,不管广告内容本身是什么、传播过程如何,受众是信息的最终和有效接收者,而且传播过程中的执行者也是受众,因此广告商最关注的对象是受众。本书将从受众的特点及需求角度来探讨病毒式网络视频广告的传播策略。

(1)具有分享精神的受众

在传统大众传播过程中,受众的角色只是被动地接收信息,随着网络媒体的出现,受众的角色发生了改变,接收信息的同时也传播信息,这样一来,受众的个性和主动性得以充分发挥,能够通过网络第一时间与亲朋好友分享感兴趣的信息,这也正是网络视频广告能够以病毒式传播的原因。鉴于此,学者们也加大了受众在传播学中的研究力度,研究理论也从"子弹论"发展到"有限效果论",更为接近网络媒介的接近权。美国杰罗姆·巴伦(Jerome Barron)于 1967 年正式提出了接近权(the right of access to the media)理论。

广义的接近权指的是通过媒介播出的娱乐节目或媒介发起的社会活动及在媒体上刊登作品等。狭义的接近权则是指每个公民都有权在媒介上发表意见、观点,有自由表达的权利。随着互联网的迅速发展和 Web2.0 技术的应用,相比传统媒体时代,网络受众对于媒介的使用权和参与权有进一步的改观,更进一步接近了互联网媒体。创作病毒式网络视频广告和其进行病毒式传播的前提条件就是这种更为接近的网络接近权。

权利空间的打破。传统媒体在承担监视社会环境任务的同时也有选择的权利。在传统媒体运行时,信息只有在得到把关人同意后,方可得以进入。把关人在选择过程中,尽可能通过符合自己利益的信息,同时尽力扼杀与自己或公众利益相违背的信息。这种情况随着互联网的出现得以改观。在网络宽松的环境中,受众可以自由地发布信息,信息的筛选也不像传统媒介那样会有专门组织来进行专业的审查,更关键的一点是,信息发布者在网络中大多是匿名的,这样一来,网络背后的把关人功能弱化甚至失效。因此,网络的出现打破了传统媒体的权利空间。把关人功能的弱化导致传播门槛降低,网络中出现了一些原先不可能在传统媒介上出现的信息,如一些"被禁"广告反而在网络中流行起来。

受众地位的上升。相比于传统媒体,网络媒体中的信息是非常丰富的。网络的互动性使得受众可以主动选择自己需要的信息,而不是被动地接收发布者制定的信息;也让受众有了更多的主动权,不必看自己不想看的广告,不再受到广播、电视播出时间及报纸杂志发行周期的制约。在网络浏览过程中,受众可以随心所欲地选择广告信息,也可以关掉不想看的广告,甚至可以用软件来屏蔽不愿看的广告。网络广告传播过程中,受众由过去被动接收的角色向"受众本位"转变,这些都体现了受众地位的上升。

受众的双重角色。在网络这个大环境下,受众有着更多机会亲身参与到媒体的活动中来,受众的接近权得以实现,受众的地位得以提升,受众的自主性也得到增强,与此同时,受众的角色也在发生改变,由单一角色发展到双重角色,即从信息接收者发展到既是信息接收者又是信息传播者。随着 Web2.0 技术支持下的即时通信、博客、微博等的出现,受众可以选择接收或拒绝广告,也能与他人一起评价广告,还可传播广告。这样一来,受众在成为"病毒"感染者的同时也能成为"病毒"传播者。在网络视频广告病毒式传播过程中,受众看到这个广告只是第一步,更关键的是受众是否愿意传播这个广告,甚至来讨论这个广告的内容和意义。

(2)"病毒"传播中的使用与满足

卡兹于 1974 年提出了"使用与满足(uses and gratification)"的传播模式。"使用与满足"理论把受众作为研究出发点,认为受众是带着自己的需求和期待去主动接收媒介信息的,在分析受众动机的过程中找出媒介给人带来的效用。该理论最大的意义在于能够发现和满足受众需求,让受众在传播过程中起到重要的作用,也使得广告商将传播重心从传播者和媒介转至最大程度地满足受众需求方面。受众在病毒式网络视频广告的传播过程中地位突出,不仅扮演着接收者和传播者的双重角色,而且担任着"病毒"把关人的职责。遵照"使用与满足"理论,必须先发现受众的需求动机,再想方设法满足受众的这种需求,病毒式网络视频广告才能以病毒的方式扩散开去。

"病毒"传播中受众的需求。受众的需求表现在网络中是非常多的。马斯洛通过研究,在 1943 年提出了著名的需求层次论,将人的所有需求,按照一个三角形进行排列,从高到低依次为自我实现的需求、自尊的需求、被接纳的需求、安全的需求和生理的需求五个层次。著名网络专家黄彦达在网络领域对马斯洛需求层次图进行了重新阐述,从高到低分为自我实现的需求、社交的需求和存在的需求三个层次。社交的需求由被接纳的需求和自尊的需求整合而成,存在的需求则由低层的生理需求和安全需求组合而成。我们可以通过分析受众需求层次来发现病毒式网络视频广告受众的需求动机,从而为病毒式网络视频广告的传播提供一个基点。

娱乐的需求。受众使用互联网的目的不仅是为了满足工作需要,同时也是为了满足娱乐需求,而且各种娱乐需求的增加,导致网络娱乐化加剧。涉及娱乐的项目使用率都比较高。DCCI 互联网数据中心统计数据表明,网络中播客、视频的受众年龄段在 19～25 岁是最多的。这群受众大多出生在 20 世纪 90 年代,他们年轻而充满活力,具有强烈的好奇心,紧跟时代,追逐时尚,对娱乐有着强烈的追求。在观看网络视频广告时,若能引得受众高兴,那么受众的娱乐需求就在一定程度上得到了满足。这种高兴可以来自感官的刺激,或来自对新奇事物的猎取,或来自对焦点事件的关注,或许只是看过视频之后的放声一笑等。受众只有在娱乐需求得到满足之后,在不抵触广告内容的心情下,进一步地理解广告,为下一步向亲朋好友传播自己喜欢的"病毒"式网络视频广告做好心理准备。

社交的需求。娱乐需求得到满足之后,受众进一步考虑社交需求。"六度分割理论"应用于 Web2.0 中,引发了网络社会化概念的兴起。在 1960 年,美国社会心理学家 Stanley Milligram 提出了"六度分割理论"。研究表明:任何两个陌生人之间所间隔的人不会超过六个。这一理论正好解释了 Web2.0 的社会性特征。随着网络中 Web2.0 技术的应用,很多网络软件也开始支持人们建立更加互信和紧密的社会关联。人们可以更容易在全球找到和自己有共同志趣的人,并通过虚拟社群的形式,形成一个小社交圈。这种社会性软件有很多,如 Blog、即时通信、微博、Facebook 等,这些软件都为受众社交需求的满足提供了一个良好的平台。在新技术推动下,网络中新媒介形态呈多样化,当受众多种多样的需求碰到多样化的媒介需求时,两者产生碰撞乃至结合,形成一种类似蜂房结构的结合体,即族群(GROUP)。族群一旦在互联网中生根,即开始疯长。在各种各样的网络族群中,受众能够第一时间与自己的朋友、同学、同事等一起分享自己的喜好或某处体验,并可通过留言的方式对之进行评论,形成围观。在这种分享的过程中,受众与受众之间建立了一定关系,可以随时织博和围观,受众的网络社交需求得到了满足,同时也满足了自己的自尊需求。受众的这种社交需求就是一种分享过程,病毒式网络视频广告随着这种分享过程而进行传播。一旦这个网络视频广告具有"病毒"潜质,则可以引发受众的分享欲望,成为族群中的焦点,在"病毒"传播的过程中,满足了受众的社交需求,得到了别人的认可,也获得了别人对自己的尊重。用户在体验这种传播快感的同时,产品和品牌的信息随着病毒式网络视频广告在族群"人脉"的分享过程中得以传递,传播的效果随着一个族群向另一个族群传递而呈几何级数的累加。

自我实现的需求。自我实现的需求表现在网络中,就可以理解为通过自己的努力在一定程度上形成了一定的影响力。网络环境相比传统媒介比较宽松,受众满足自我实现的需求来得比较容易些,而在网络中能够获得这种自我实现需求的受众大多为网络中的内容创作者。网络中的视频越来越多,内容也五花八门,其中很大部分是受众制作的原创视频,这些视频一方面满足了受众自身的娱乐需求,同时在传播的过程中也得到了别人的赞许和尊重。如果能够引发病毒式传播,影响巨大,那就上升为得到了别人的膜拜。最早流行网络的"后舍男生"就是一个很好的例子。他们是广州美院的两个男同学,两人在宿舍以对口型的方式演绎"后街男孩"的热门歌曲并把它放到了网上,该视频大出意料,得到了大家的疯传。百事可乐看到了他们在网络上强大的号召力,请他们接拍了一些广告。这些广告随着"后舍男生"的搞笑视频通过网络进入大家视野,在满足网友娱乐需求的同时,也宣传了广告商的产品。他们的成功,也激发了更多的普通网民期望通过制作原创视频来实现自我价值。网络中,受众在传播病毒式网络视频广告的时候,娱乐需求和社交需求得到了满足,而这也正是网络视频广告得以病毒式传播的基础。受众自我实现的需求在这一环节中不能实现,却可在视频广告的制作过程中得以满足。Vitrue网站就给受众自我实现的需求提供了一个平台,只要达到了版主认可的标准,上传就能成功,一旦自己创作的视频广告得到其他受众的认可并广为分享,受众自我实现的需求就能够得到满足。在分享的同时,其原创的视频广告也带上了"病毒"的基因,进入网民关注的领域,在网民之间广为传播。在为广告商创造利益的同时,也满足了自我实现的需求,一定程度上也实现了自己的人生价值。病毒式网络视频广告受众的地位相对于传统媒介得到了大幅提升,也更具主动性,因此,广告商要想在该领域取得成功,就必须在充分尊重受众的基础上,更多地考虑受众的特点和需求,从受众的角度来制定传播策略。

4.3 大数据时代参与式广告与搜索式广告中的潜意识引导

弗洛伊德认为,人的精神由三部分构成:意识、前意识和潜意识。意识是与直接感知有关的心理部分,即出现在我们的意识中,为我们所感知的要素或成分;潜意识是指个人的原始冲动和种种本能以及由这种本能所产生的欲望,位于意识阈限以下,是人的意识无法知觉的心理部分;前意识是介与意识与潜意识之间、能从潜意识中召回的心理部分,是人们能够回忆起来的经验,是介于意识和潜意识的中介环节与过渡领域。① 潜意识虽然不能直接为感知,为个体心理所发掘,但其对消费者的影响和引导却是极大。

能够为消费者感知为广告的内容称为显性广告,不能为消费者所认知为广告但内容和信息对消费者的购买或心理会起到一定的引导作用的广告的内容称为隐性广告。显性广告利用的是人们的意识,即消费者知道自己在看广告;隐性广告利用的是人们的潜意识,即消费者不知道自己在看广告,以为在看一个娱乐节目或电影电视剧等,但片中的相关信息和内容对消费者的购买心理或行为或品牌认知起到引导或规范作用。之所以要使用隐性广告,是因为显性广告的出现,会使消费者认知到自己是买者,企业是卖者,不同的角色将消费者与企业放在对立面上。显性广告让消费者马上意识到企业要赚取利润,企业获取财富,而消费者自己即将失去财富,企业得,消费者失,因而消费者有本能的敌对和抵触心理。而隐性广告却让消费者认知不到这是广告,消费者以为这是自己想要的信息或娱乐节目,在潜移默化中起到暗示和引导。

这种暗示是潜意识的,不易被消费者所察觉。这种暗示所建立的刺激—反应的联结使消费者对企业或品牌产生正面认知和感官,而消费者却不自知。大部分消费者也不明白这个过程是如何形成的。大数据时代的广告有两类是基于暗示的潜意识引导。前面分析的三种大数据时代广告,第一种是基于 Web1.0 的搜索式引擎广告;第二种是基于 Web2.0 的可读可写可交互式广告;第三种是基于 Web3.0"精准营销"的大数据广告。而这三类广告中,第一种搜索引擎广告、第二种"可读可写可交互广告"都是不为消费者所感知的潜意识广告,消费者或是在搜索内容的过程中被广告信息议题所引导,或是在广告内容参与中不知不觉地成了广告的一部分,即影响别的消费者,也影响自己。大数据时代的广告,主要是不易为消费者所识别的潜意识广告,引导和暗示着消费者参与和购买。而传统电视或娱乐节目中的隐性广告,也称潜意识广告,利用的是人们的阈下刺激,是通过将产品或品牌植入节目或影视剧的形式形成对消费者阈下刺激的相应反应。常见的形式有:以画面主体形式出现产品或品牌;镜头运动形式出现产品或品牌;镜头扭曲形式出现产品或品牌;与情节相结合出现产品或品牌;与台词相结合出现产品或品牌。这些形式的隐性广告植入关键在于刺激眼睛、加强品牌印象或捕获心智、加强品牌印象。但大数据时代的上述两种潜意识广告——搜索引擎广告和议程设置广

① 符国群.消费者行为学:第二版[M].北京:高等教育出版社,2010:132.

告却是以消费者内容参与和互动为基础的潜意识引导。印象更深,效果更好。

4.3.1 搜索引擎广告中的潜意识引导

搜索引擎广告对受众起到一定的引导作用。企业跟踪消费者行为,通过以下几步,实行潜意识的引导:

消费者因为要搜索对自己有用或感兴趣的信息而输入关键词,这个关键词一旦与企业设置的关键词相同时,搜索引擎中就会出现企业的网站或相关网址的链接。点击链接后进入企业网站或相关产品和品牌信息引导的网站。在这个过程中,消费者始终认为自己寻找的是自己所需要的信息,而非广告,所以,他并不认为自己接触了广告,而只是认为在进行一次有益于自身的搜索行为。这种不像广告的广告就是一种潜意识的利用,是潜意识广告在大数据时代的一种形式。

搜索引擎广告一般是按照关键词设置后链接的点击率来付费的,但消费者进入网站后的引导有时也很重要,如果消费者进入网站后,发现进入一个广告的世界,则退出的概率较大,但如果消费者进入网站后,发现此网站的可用性很高,能解决自己的实际问题,则退出的概率较小。

另外,在搜索引擎中,还能利用潜意识研究消费者隐性购买动机:投射原理与技术消费者的购买动机分为显性购买动机和隐性购买动机。消费者的隐性购买动机通常不为自己察觉,表现出来的只是意识层面的显性购买动机,而潜意识支配下的隐性购买动机在某种意义上比意识支配下的显性购买动机作用更大、更为强烈,因为潜在需求发挥了巨大的作用。消费者的显性购买动机是能够被自己察觉到的,消费者的意识范围内不断有观念、动机、意象或对产品的情感,这种是能够被自己意识到的动机或情感。而一些本能冲动、被压抑的欲望或动机,却在不知不觉的潜在境界里发生并存在,因不符合社会伦理或道德和本人的理智,无法进入意识被个体所压抑,这种潜伏着的无法被察觉的思想、观念、欲望等心理活动被称为潜意识,潜意识是秘而不宣的,但支配着消费者的隐性购买动机。潜意识里越是被压抑就越对行为具有推动力,防御机制试图压抑这些愿望与冲突就越易引发隐性购买动机。因此消费者的行为在意识层面是很难预测的,甚至是难以解释的,关键在于消费者动机的不可观察性和内隐性,只有通过研究潜意识购买动机来解释消费者复杂的购买动机。在弗洛伊德看来,潜意识虽然受到压抑,但它永远不断地为得到自我满足而斗争。被压抑的不符合社会规范的原始冲动或欲望用符合社会要求的建设性方式表达出来。于是,消费者把自我投射到各个商品中,即购买的商品和劳务项目成了自己人格的延伸部分,来满足自己灵魂深处受到压抑的潜意识,例如,汽车是社会地位的延伸,红茶是柔弱女子的延伸,服装是人的气质和品位的延伸。美国有关资料表明,消费者72%的购买行为是受朦胧欲望所支配的,只有28%的购买行为是受显现需要制约的。

许多广告的成功,在于它诱发了同类产品广告中没有说出来的消费者的潜在需求。调动消费者的潜意识是一种屡试不爽的创意方法。例如,人们购买书籍不仅仅是为了学习知识,也不仅仅是丰富经验和阅历,还是为了摆脱心理束缚,洗涤灵魂和自卑。依循这一思路,书店的广告口号不应该是"做您最好的阅读助手"这一意识层面的动机认知,而应该是"灵魂的阶梯,人生的追求"。这就不仅从书这种产品的意识层面着眼进行诉求,而且满足了人们精神的、潜意识的欲求。那么这种欲求和动机不在意识层面,怎样才能研究出来呢?投射原理发挥了作用。投射是指个人在不受限制的情况下,自由地把自己的人格、动机、态度自觉地表达或反应的一种心理作用,是个人的人格结构对感知、组织及解释环境的方式产生影响的过程。因为,人们常常不自觉地把自己的心理特征(个性、好恶、欲望、观念、情绪)体现在对他人或他物的评价上,这种心理现象称为"投射效应",而消费者研究中投射法的基础就是投射效应和投射技术,消费者投射法是指消费者在不受刺激的情境下,自由地表达其想法,以表达其人格结构、行为与购买动机的过程。以投射法来研究消费者的个性行为、潜在的动机和内在情感是一种降低消费者自我防御和对直接询问逆反心理的有效方法。消费者接受一个可以用多种方式加以解释的模糊刺激或多个答案的自由问题,在其反应时会把自己通常隐藏起来的需要、期望、动机、情绪等投射到这些客观刺激上,通过调查消费者的反应,了解其内心深层的真正购买动机。

消费者研究中常用的投射法一般分为联想式投射测验、主题统觉测验、购物表法和看图说话法。文字联想式投射测验要求受试者根据呈现的刺激说出自己首先联想的内容,如词语、画面或想法。文字联想法是指由调查员先说出某个常用字眼或商品名称,然后让消费者说出由此联想到什么词。如谈到"长虹",让消费者在不受限制的情境下自由联想首先想到的三个词,如消费者想到康佳、电视、手机三个词,则证明:第一,消费者潜意识中将康佳作为长虹的主要竞争对手;第二,在长虹的所有品牌中,消费者认同的首先是电视,其次是手机。主题统觉测验的性质与看图说故事的形式很相似。图片内容多为人物,也有部分景物,不过每张图片中至少有一个人物在内。测验时,每次给消费者一张图片,让他根据所看到的内容编出一个故事。故事的内容不加限制,但必须符合以下四点:图中发生了什么事情,为什么会出现这种情境,图中的人正在想些什么,故事的结局会怎样。购物表法是指通过描述不同的人所列出的购物表来陈述对这些不同消费者的态度,以此投射被实验者的购买动机。看图说话法通常是指根据不同的画面和故事讲述图中什么人在什么情景下正在什么地方购买什么物品。因为消费者此时所想一定正是他曾经经历过或理想中的购买时间、购买地点和购买情景,他表面上是在描述他人的购买情境,其实是在影射自己。总之,潜意识理论在广告中有极为广泛的运用,而潜意识广告的表现形式和潜意识研究消费者动机的投射技术还在不断探索中。

4.3.2　议程设置参与广告中的潜意识引导

参与式广告因为议程本身的吸引度吸引消费者进行内容参与。消费者在参与广告议程的时候,并不知道自己接触的就是广告,这其实就是参与式广告的隐匿性与不可察觉性。这种隐匿性使消费者更加自由、自在、自主地参与到广告的议程中去。当参与的人数达到一定规模时,产生规模效应,广告的影响扩大。这种潜意识的引导帮助广告主的议程广告不断产生规模效应。

弗洛伊德精神分析说的第一个内容就是意识、前意识和潜意识。弗洛伊德认为,人的精神由三部分构成:意识、前意识和潜意识。潜意识是压抑在意识阈限以下,人无法知觉的心理部分,即刺激位于绝对阈限以下的心理部分。意识是与直接感知有关的心理部分,即刺激位于绝对阈限以上的心理部分。前意识是介于意识和潜意识之间的内容。弗洛伊德精神分析说关于意识和潜意识理论在广告中的运用,首先体现在潜意识广告中。潜意识广告从本质上看利用的是弗洛伊德精神分析说中的潜意识,它以非广告的形式在受众无意识的状态下将商品信息展现给受众。它利用的是人们的阈下知觉,广告的刺激强度在意识阈限以下,不被消费者察觉,不像广告,但潜意识会影响消费者的心理、购买意向或购买行为。这是一种阈下刺激,阈下意味着信息没有达到被人们意识加工的最低阈限。"阈"指的是"感觉的阈限"。人的感官只对一定范围内的刺激作出反应,只有在这个范围内的刺激才能引起人们的感觉。这个刚刚能够引起人们感觉的最小刺激量,称为绝对阈限。而在绝对阈限以下的刺激量,则为阈下刺激,阈下刺激虽不能引起人的意识和感觉,但在潜意识中对知觉和认知起着巨大的作用。

笔者认为,潜意识广告的植入策略有以下三点:首先,选择的品牌或产品要与影视剧的情节相吻合,只有与剧情相吻合的潜意识广告才能引起潜意识的注意,并激发兴趣,产生较深的记忆;其次,选择的品牌或产品应该具有一定的知名度,不具有知名度的产品若没有较长时间的植入和刺激,由于消费者心灵图式的认知,会将此潜意识广告中的品牌与自己认知中最接近的一种品牌相联系,这样无疑就为竞争对手做了广告;最后,选择的品牌或产品必须具备个性化差异。同行业的两个品牌或多个品牌不适于在同一个节目中同时以潜意识广告的内容出现。因为潜意识本就是利用消费者的阈下刺激,需要激发和唤醒,如果在同一个节目中出现多个品牌,消费者在前后记忆时会彼此干扰,影响记忆效果。根据潜意识广告的特点和消费者潜意识认知及图式理论,笔者认为,潜意识广告植入技巧有以下几点:

(1)画面主体式植入。画面主体式植入是指品牌或产品以画面主体的形式出现,这比品牌或产品以背景形式出现更能引人注意。潜意识因为避开了意识层面信息的过滤和筛选,更加丰富,只要能感知到的内容都可以进入潜意识层面。因为贮存的信息量大,需要唤醒的程度更高。画面主体相对于其他背景是一个更为强烈的感知,因而更易在特定场景下为消费者所唤醒。常见的形式是以镜头特写将信息植入。

(2)台词式植入。台词式植入是指品牌或产品的相关信息以台词形式从演员处表现出来。人物活动是节目中消费者会有意注意的角色,将广告信息植入人物语言,使台词植入与画面植入相结合将起到更好的效果。

(3)情景式植入。情景式植入是指品牌或产品信息与节目内容紧密结合,成为节目中不可缺少的轻松愉快的表现内容。我们无形中不断在寻找能够取悦于潜意识的刺激物,而消费者在放松时,最容易进入潜意识。这一点可以从心理学家关于"催眠与唤醒潜意识"的众多实验中得到证实。而节目情景恰恰给消费者带来轻松愉快的感受,在这种轻松的状态下,潜意识能更好地感知潜意识广告的内容。

(4)镜头运动式植入。镜头运动式植入是指以镜头的推拉摇移升降来吸引消费者注意和记忆,起到潜移默化的作用。

(5)时间植入。一般来说,心理学上的序位效应、首因效应和近因效应告诉我们,开头和结尾是消费者注意力最集中的时候,而高潮部分由于剧情紧张,注意和记忆效果也很好。

【案例分析】议程设置的另一种形式——博客隐性广告

隐性广告从本质上看利用的是人的潜意识,它以非广告的形式在受众无意识的状态下将商品信息展露给受众。它利用的是人们的阈下知觉,广告的刺激强度在意识阈限以下,不易被消费者察觉,但无形中会影响消费者的心理、购买意向或购买行为。

本书以全球第一中文博客网站点击率较高的博客为研究对象,分析研究博客中的隐性广告。隐性广告是指"潜意识"广告,它利用场景、对白、情节、形象或字幕形成类似于广告的内容,在潜移默化中对消费者的心理或行为起到直接或间接的影响作用。人们认为,隐性广告的原理是阈下知觉。这固然不错,但深入思考后,笔者认为是弗洛伊德的精神分析说中的潜意识。精神分析说是奥地利精神病学家、心理学家弗洛伊德创立的,主要在于对意识、前意识和潜意识的研究及人格结构的研究。人的精神由三部分构成:意识、前意识和潜意识。意识是与直接感知有关的心理部分。潜意识是指被压抑到意识阈限之下,是人的意识无法知觉的心理部分。前意识则是介于意识与潜意识之间、能从潜意识中召回的心理部分,是人们能够回忆起来的经验,是意识与潜意识之间的中介环节和过渡领域。后人荣格和弗洛姆对他的理论作了补充,形成潜意识理论研究的三个里程碑:个人潜意识、集体潜意识和社会潜意识。而隐性广告实际上是利用精神分析说关于意识和潜意识的原理制作的。

　　阈下知觉从两个方面来看,第一是阈下。阈下意味着信息如此微弱,或者快速呈现,以至于它没有达到被人们意识加工的最低阈限。"阈"指的是"感觉的阈限"。"人的感官只对一定范围内的刺激作出反应,只有在这个范围内的刺激才能引起人们的感觉。这个刚刚能够引起人们感觉的最小刺激量,称为绝对阈限。而在绝对阈限以下的刺激量,则为阈下刺激,阈下刺激不能引起人的感觉。隐性广告利用的是阈下刺激。阈下刺激虽然不会引起有意识的知觉,但确实对知觉和其他心理过程有影响。第二是知觉。知觉是指人脑对刺激物各种属性和各个部分的整体反应,它是对感觉信息加工和解释的过程。隐性广告利用的是人们的阈下知觉,采用的是低于绝对阈限的刺激量。

　　隐性广告已成为一种较普遍的广告形式,它将广告的内容隐藏在新闻、小品、文艺节目、电视剧、电影中。博客是零门槛、零制作、零成本,但博客的点击率却会产生不小的社会价值和经济价值,稍加留心就会发现博客中存在大量的隐性广告。隐性广告可分为有意隐性广告和无意隐性广告。有意隐性广告是指广告主为达到一定的目的采用隐性手段有意为之的广告;无意隐性广告是指无意中为某产品做了一回广告。"王家卫的《蓝莓之夜》(原声版)、陈可辛的《投名状》短短一周票房就过亿,以前再有过好的预期也是意料之外的事情,真的要恭喜导演王家卫和陈可辛",在该明星的博客中,花一定的篇幅提到了电影《蓝莓之夜》《投名状》。我认为,这恰恰起到了隐性广告的作用。因为阅读该明星博客的读者无形之中加深了对影片的印象和好感。而深究下去,会发现该明星恰好是电影《蓝莓之夜》中摇滚天后的配音演员,是电影《投名状》中的女主角。这不能不让笔者更加深信这就是博客中的两个有意的隐性广告。

　　隐性广告以一种藏而浅露的方式吸引着人们的眼球,比显性广告有较大的优势和较好的效果。但隐性广告也需要策划，博客中的隐性广告要成功须具备三个条件：第一，注意"度"的把握。隐性广告是为了避开受众对于显性广告的排斥而产生的，但隐性广告又必须有效传达产品信息，它要人们记住产品又要不被发现，既不能藏得太深又不能藏得太浅，这个"度"的把握，是隐性广告成败的关键。第二，博客中的内容与产品本身有机结合。好的隐性广告应该无损于文章内容，反而能表达更真实，同时还起到了隐性广告的作用。所以博客中的隐性广告要成功的另一个重要条件是产品本身与文章内容的巧妙结合，在潜意识里打动消费者，因为人们在接受阈下刺激时虽然没有感觉，却有一定的生理反应。潜意识对人类的行为影响是肯定的，将产品与博客内容本身相结合并有机融合，是博客中的隐性广告成功的关键。第三，充分利用集体潜意识和社会潜意识。博客中的隐性广告除了利用人的个人潜意识外，还利用了人的集体潜意识和社会潜意识。因为网络是一个很容易产生群体行为的平台，网络的虚拟性、互动性及易获性都为集体潜意识和社会潜意识的作用提供了充分的空间。网民本没有想到这一点，但因为别人提到了，就认为是正确的，这是因为人性中的共同点，也就是荣格认为的"集体潜意识"，网民本不认为这个观点是正确的，但因为网上众多人的跟帖，表面上也就赞同了，隐藏了真实的自我，自动适应社会，这是弗洛姆认为的"社会潜意识"。博客内容本身就利用了人的集体潜意识和社会潜意识。博客中的隐性广告应更充分地利用这一点。

4.4　利基广告

基于 Web3.0 的追踪定位技术，产生了针对每个消费者的追踪定位与个性信息推送，这种信息推送称为"利基广告"。传统营销中，因为缺乏计算、存储和分析能力，企业无法获得每个消费者的消费图谱，或者即使能获得一些数据，也无力存储、计算和分析，所以，传统营销中，企业一般基于心理、行为、人口、地理把消费者群体进行同种或异种划分和细分。满足的其实只是一小部分人的需求。根据安德森的长尾理论，"大部分的销售额来自于少数产品"。而大数据的伟大之处在于它可以开发更微小和细化的市场——利基市场，使每个消费者成为一个特定的目标被追踪、被开发。大数据时代，基于 Web1.0 海量信息搜索、Web2.0 可读可写可交互、Web3.0 追踪定位技术下，利基营销的过程有"追踪（track）、分享（share）、个性定制（customise）、刺激购买（purchase）、关系（relation）"。其中，追踪、刺激购买、个性定制体现的是 Web3.0 的技术,分享和关系体现的是 Web2.0 的技术。

大数据时代,利基广告关键在于更好地追踪和了解个体消费者而非群体消费者的需求,为个体定制个性化产品和服务而非为群体定制产品和服务。大数据和互联网正在将大规模市场转换成无数的利基市场。

4.4.1　大数据价值与利基广告

消费者在互联网上留下种种行为痕迹与消费痕迹,各企业或数据公司在线上记录消费者的行为痕迹和消费痕迹,如精准地记录下人们的爱好、购买或搜索的时间、内容和方式。这些数据能够让企业不仅追踪个体消费者的消费行为,而且还可预测个体消费者行为,为个性化定制提供了条件和基础。这种抓取、存储并对海量数据、个体数据进行分析,据此进行一对一的传播,帮助企业决策并预测未来消费行为的能力,就是大数据的价值。大数据使大量非结构化的、不均匀分布的数据被捕捉、存储和分析后作为企业决策的依据。对研究个体消费者尤为有意义和价值。因为大数据和互联网的技术支持,产生利基市场和利基广告。利基广告就是:以个体消费者为中心,研究个体消费者行为轨迹,量化数据,进行可视化分析,作出决策并进行预测,开发并推送能满足用户需求、个性化的产品、服务、物流等信息,与消费者进行一对一的沟通,个性定制并打造顾客关系。

4.4.2　大数据时代"利基广告"

搜索与追踪能够将个性化需求的价值体现出来,从而把长尾理论中价值较低但比例却大的那部分价值挖掘出来。传统购买中,因为资源是有限的,所以只有小部分市场得到满足,满足这个市场的就是生产的流行品,而大量的个性化的市场都未得到满足。从安德森的长尾曲线图上看,只有百分之二十的消费者需求得到了满足,把稀缺的资源配置给最值得的东西,也就是最流行的东西,利用大数据分析消费者行为和需求,可以将长尾理论中价值较低但比例较大的那部分消费者需求挖掘出来,使每一个消费者的需求都得到满足,市场充分进行有效配置,而大热门产品的总利润同冷门产品——长尾产品的总利润总和相等,这是大样本统计得出的结论。

所以,笔者认为,企业的大数据与利基广告是基于满足个体消费者的需求,是对传统群体营销法则的颠覆与重构,它的核心是追踪并推送个性定制广告。

4.4.2.1　追踪(track)

通过数据跟踪,不仅能追踪顾客买了什么产品,购买的种类和频率,还知道个体购买产品的行为和方式,如何浏览网站、习惯频率、方式及行为等。企业可以开发一些算法来设计产品、优化和推荐产品,而每当用户忽略一个推荐的目录,这种算法就要更为优化。基于个性化的信息实施个性化的营销。商家需要结合自身的竞争优势制定长期的产品策略,通过大数据分析制定更有效的、更具体的营销办法,同时根据消费者的需求调整设计、生产、流程、销售和库存。

这些个体的数据来自于消费者和潜在甚至匿名的消费者,它们可以鼓动消费者自愿晒出相关信息,而免费获取如注册、登陆、评价产品、登陆时间、间隔时间、选择顺序、购买方式、社交网络、上传的社交图片等数据。云端可以无限容纳这些数据,存储这些数据并利用这些数据。

4.4.2.2　个性定制与推送

利基广告主要指个性推送式广告,是指广告主在追踪定位的基础上对用户推送的个性广告。利基广告的推送要注意内容和时机的把握,内容上要注意使用消费者易于接受的信息形式,所有的利基广告都以追踪消费者的需求为基础,那么利基广告的表现形式就显得很重要了。心理学告诉我们,支持性信息、趣味性信息或有用性信息从内容上说,比较吸引人。支持性信息是指与消费者原有观点相一致或相近的信息,支持性的信息出现通常能降低消费者的逆反或排斥心理,产生"自己人效应";趣味性信息是指幽默有趣的内容,幽默的内容能产生引人发笑的效果,使接受信息方获益,接近双方距离;有用的信息是利基广告的最主要的表达内容,体现的是追踪的效果,追踪的目的就是为了了解消费者需求,向其推送有用的信息。所以,最好的利基广告的表现是——有用的信息以支持性的形式或趣味性的形式表达。

【相关阅读】利基广告的表现:广告 CRVAG 创意模型及运用

CRVAG 创意模型是指要想做出独特和有新意的广告,可以依赖五种创意技法,第一个是 C(Classical conditional reflex)——经典条件反射理论;第二是 R(Rhetorical devices)——修辞手法;第三个是 V(Vetical and horizontal thinking)——垂直与水平思维;第四个是 A(Associative method)——联想法;第五个是 G(Gestalt psychology)——格式塔心理学在广告中的运用。

广告的整体运作包括市场调查、广告策划、广告表现、广告发布、广告效果评估几个过程。其中广告表现由许多个单个广告组成。每个广告服从于一定的主题,承担一定的任务。为在最有效的时间内最有效地打动目标消费者,提高广告的有效性,一般都要求广告具有一定的创意,即创造性表现,来达到事半功倍的广告效果。

本研究以 2015—2017 年全国大学生广告艺术比赛的获奖作品为研究对象,选择在同官网中曾出现的获奖广告,进行抽样文本分析,借鉴心理学、修辞学等学科相关理论分析框架,得出广告创意的 CRVAG 创意模型。

一、C——经典条件反射(Classical conditional reflex)在广告创意中的运用

经典条件反射是巴甫洛夫提出的,巴甫洛夫认为要习得"条件刺激—条件反应"的联结。需要建立条件刺激与无条件刺激的关联。经典实验是:狗看到食物分泌唾液,在每次给狗送上食物之前,都打铃,久而久之,发现狗不要等到看到食物才开始分泌唾液,它只要听到铃声就开始分泌唾液。

如图 4-3,狗的本能,建立的是"无条件刺激—食物"与"无条件反应—分泌唾液"的关联,"无条件刺激"产生"无条件反应"是人或动物的本能,而"条件刺激"所产生的"条件反应"却是后天学习的结果。此实验中通过建立"食物"与"铃声"之间的关联,获得"条件刺激—条件反应"联结,即"铃声—分泌唾液"的学习联结。

经典的条件反射解释了"刺激—反应"的联结是如何形成的,是后天学习的结果。因此,经典条件反射理论也被认为是行为主义学习理论的一种。

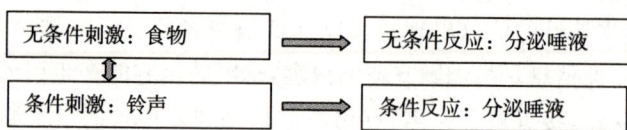

图 4-3 巴甫洛夫:经典条件反射理论(Classical conditional reflex)

学习过程是广告的主要过程,广告是帮助受众学习的过程,广告中,要建立的恰恰也是"刺激—反应"的联结。"产品"可以被认为是"刺激物","产品主题"可以被认为是"反应",广告的目的就是在消费者心中如何形成"产品—主题"的关联。如要形成"儿童鞋—柔软舒适"的关联,也就是形成"刺激—反应"的关联,消费者了解广告之前,某儿童鞋本来没有柔软舒适的感觉,而要产生这样的感觉,广告创意的关键在于找到能让受众产生本能反应(柔软舒适)的刺激物,棉花、手巾、天鹅羽毛、妈妈的手等都有柔软舒适的感觉。以其中一种为"无条件刺激",建立"无条件刺激"与"条件刺激"之间的关联,使"条件刺激—产品"也能产生柔软舒适的反应。

如选择"年轻妈妈的手"为无条件刺激,如图 4-4,"无条件刺激:年轻妈妈的手"产生"无条件反应:柔软舒适",建立"年轻妈妈的手—儿童鞋子"的关联后,"条件刺激—儿童鞋子"产生"条件反应—柔软舒适"。

| 无条件刺激：年轻妈妈的手 | ⟹ | 无条件反应：柔软舒适 |

| 条件刺激：儿童鞋子 | ⟹ | 条件反应：柔软舒适 |

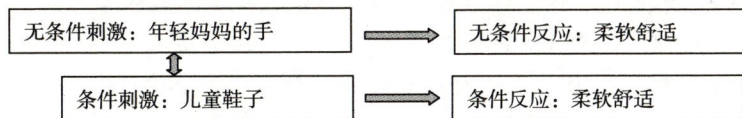

图 4 - 4　巴甫洛夫：经典条件反射理论（Classical conditional reflex）在广告中的运用

在运用经典条件反射理论创意广告中要注意：一是把握广告主题，选择能产生广告主题或与主题相关反应的"无条件刺激"。因为一旦选择无条件刺激，就会产生无条件反应（广告主题或与主题相关）；二是巧妙建立"无条件刺激"与"条件刺激"之间的关联。无条件刺激产生无条件反应只是过程，条件刺激产生"主题反应"（条件反应）才是目的。

二、R——修辞方法（Rhetorical devices）在广告创意中的表达公式

修辞是人类的一种媒介符号传播行为，是人们依据具体的语境，有意识、有目的地建构话语和理解话语以及其他文本，以取得理想传播效果的社会行为。[①] 修辞包括修辞环境、修辞行为、修辞现象、修辞过程、修辞效果等。广告中，基于一定的动机，为达到一定目的和一定的传播效果，修辞常运用一定的手段和方法，如双关、比喻、悬念、对比、韵律、对偶等。

然而，不仅是语言和文字可以运用修辞方法和手段，图片也可运用修辞手段和方法。广告要求简单、独特、通俗、真实。要在一个广告里简洁独特地表达与其他品牌产品相类似的主题，必须简单而丰富，独特而通俗，图片和文字都必须借助一些修辞方法和手段。经过分析和研究，广告创意中常用的表达公式有：

1. 双关：双关在广告创意中有两个表达公式。第一，广告图片中的双关表达公式。图片双关是指同一个画面，帮助消费者进行"背景与主体"的剥离，当以一部分为背景时，知觉到的是一个主体 A，而以另一部分为背景时，知觉到的是另一主体 B。基本表达公式为"A＋B＝广告的主题"。如在表达"某儿童汽车，好玩"这个主题时，同一个画面即让人认知到是某儿童汽车，又能让人认知到好玩，于是，通过一个板来表现好玩，因为板是年轻人认为好玩的东西，而外形又很像汽车，在广告设计时，通过画面和文字的引导，让消费者即觉得这是一个好玩的板，又像一辆车，"儿童汽车，好玩"这个主题也就表达出来了。图片双关的手法引人联想，让人参与，是一种较实用的广告创意表达方法。第二，广告文字双关表达公式。文字双关的基本表达公式为"谐音双关"或"意义双关"。"焕然衣新"中的"衣"，运用的就

是谐音双关。"如果失去联想，世界将会怎样"，运用的是意义双关。

2. 比喻与悬念：广告要让人如临其境、如闻其声、如遇其境，就要引发消费者联想，调动消费者情感，让其有视听味嗅肤等多种感受的共鸣，善用比喻可以产生联想，诱发通感。喻体通常简单通俗，令人熟悉，用来比喻较抽象的本体。图片比喻的基本表达公式为"A喻作B"，如表现不用护手霜的干燥的手，用干枯的树杈来作喻。悬念是通过非常态的场景和表现引发思考，引出产品或主题，称为悬念。悬念的基本表达公式为："非常态场景的引诱＋期待"。

3. 暗示：广告人员为传播某个主题，在无对抗的条件下，通过广告中人物的语言、外貌、手势、表情、体态或行为，用含蓄的、间接的方式发出一定的信息，使消费者接受所示意的观点、意见，或按所示意的方式进行活动。暗示一般可分为直接暗示、间接暗示、自我暗示和反暗示4种。在一般情况下，暗示者是主动的、自觉的，相对来说，受暗示者是被动的。暗示不是直接表明而是通过委婉含蓄的手法表达，引人思考。基本表达公式为"非A表达"。非A表达是指不直接说，而是从反面说，从侧面说，从其他角度说。通过"自己人暗示"，通过"只或仅……"表达。如想表达"产品好"这个主题，不是直接说产品好，而是说产品的原材料好，用产品的人好，环境的衬托、气氛的渲染等。

三、V——爱德华垂直思维与水平思维法（Vetical and horizontal thinking）在广告创意中的表达公式：$A=f(B)$ 与 $A=f(D)$

英国心理学家爱德华戴勃诺博士在进行管理心理学的研究中提出了"水平思考"的概念，水平思考法指对于某一件事，换一个角度去思考，是指从其他角度用其他内容表达产品主题。突破原有联系和旧有经验，通过类似联想、接近联想、因果联想和对比联想建立产品与相关事物之间不易发现但合情合理的联系。要寻找两事物间不易发现的关联，需要进行发散性思维与思考，然后在众多发散性思考的事物中寻找两者之间的联系。如用函数公式来表达，就是 $A=f(B)$，A 与 B 某情况下产生某种关联。水平思考要打破常规，新颖独特，同质主题有不同表达，与其他创意形成一定差异，差异的大小符合韦伯定律，如图4-5。

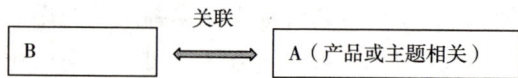

图4-5 水平思考示意图

水平思维法相对于垂直思维法，垂直思维法是在一种结构范围中，按照有顺序的、可预测的、程式化的方向进行思维，由低到高，由浅入深，由上而下，符合逻辑的

思考方法,垂直思考法不断追问下一步会怎么样。如图 4-6,A＝f(D),即最后 A
(产品或主题相关)用与 D 相关的情景或场景表达。

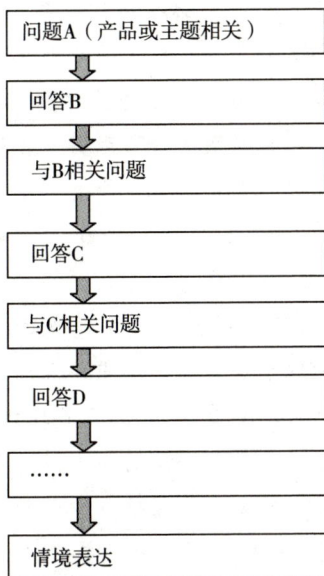

图 4-6 垂直思考示意图

四、A——闵特斯伯格联想法(Associative method)在广告创意中的表达:后像
与唤醒

高等动物只有在它产生的反应不仅能够针对当前刺激,同时也能针对过去刺
激的时候,它才能生存。[①] 如果感觉器官的反应已经结束,而感觉仍然存在,人就
颠倒和混乱了,所以,反应或"后像",依赖于中枢兴奋的延续。这种兴奋的延续,是
产生心境和联想的基础。

联想的概念最早由亚里士多德提出来,在冯特建立实验心理学之后,人们用联
想解释所有的心理现象,闵特斯伯格认为神经系统的后效是产生联想的基础。[②]
联想能够吸引人参与,引发联想的广告更能留下深刻印象。使人参与联想是提高
参与度的一种方法,因此,在广告中考虑是否和如何调动消费者的联想非常重要。

一般,人无意识形成的联想有类似联想、因果联想、对比联想和接近联想四种。

1. 类似联想是指性质、特点、属性等具有相似性的事物容易产生联想。如果

① 闵斯特伯格.基础与应用心理学[M].邵志芳,译.北京:北京大学出版社,2011:157.
② 闵特斯伯格.基础与应用心理学[M].邵志芳,译.北京:北京大学出版社,2011:53.

两个有属性或特性关联的印象作用于心理皮层结构,产生物理通道,那么当其中一个印象再现时会导致另一个印象再现。

2. 因果联想是指有因果关系的事物容易产生联想。如果两个有因果关联的印象作用于心理皮层结构,那么其中一个印象再现时会导致另一个印象再现。

3. 对比联想是指有对比关系的事物容易产生联想。如果两个对比印象作用于心理皮层结构,当其中一个印象再现时会导致另一个印象再现。

4. 接近联想是指时间或空间上接近的事物容易产生联想。如果两个印象同时或相继作用于心理皮层结构,以后当其中一个印象再现时会导致另一个印象再现。

这四种联想是人类共性。只要符合这四种联想的事物出现在一起,人们都能产生通义和共同理解,这也是联想法能使用的重要原因。

联想控制着人们的记忆、再现和重构,它为用再现方式填补当前经验的不足提供了无限可能。同时,由联想产生的每一次再现也成为再一次的中枢兴奋,而这又成为新联想的出发点。[①] 所以,当 A 的物理过程中伴随着感觉 a,而 B 的物理过程中伴随着感觉 b,其结果就是,当 A 的又一次兴奋直接引起 B 的又一次兴奋时,间接地,感觉 a 就导致感觉 b 的再现。[②] 在这四种联想的基础上,任意两个事物之间都可以直接或间接建立联系。

在广告中,联想可以唤醒相同的感觉和知觉。印象唤醒的可能是一个联想丛,即有许多种联想同时发挥作用,具体的指向则依靠文字或文案的确定指向。此时,联想丛中的其他内容被压抑,而一个与产品或广告主题相关的联想被激活。

五、G——格式塔心理学(Gestalt psychology)"似动现象""背景—图形"在广告图形创意中的运用

心物同形似动现象是指,两个相距不远、相继出现的视觉刺激物,呈现的时间间隔如果在 1/10 秒到 1/30 秒之间,那么我们看到的不是两个物体,而是一个物体在移动。例如,如果两台相似或相同的灯相距不远,时间间隔是 1/10 秒到 1/30 秒之间,那么我们就认为这不是两台灯,而是一台灯从 A 处移动到了 B 处。这种错觉是广告似动的基础。似动现象是格式塔心理学的一个内容。

似动现象在广告创意中的基本启示和运用就是:选择一个单元,不断重复,那么这张由许多相同或相似单元的静止图片就具有了运动感。仿佛顺着相应曲线做

---

① 闵特斯伯格．基础与应用心理学[M]．邵志芳,译．北京:北京大学出版社,2011:157.
② 闵特斯伯格．基础与应用心理学[M]．邵志芳,译．北京:北京大学出版社,2011,1490.

平行移动或曲线移动。静止的图片具有运动感,则增强了广告的注意度,强化了记忆效果。

　　格式塔也可以是指一个分离的整体。用"图形与背景"这个概念来表述的。一个人的知觉场始终被分成图形与背景两部分。"图形"是一个格式塔,是突出的实体,是我们知觉到的事物;"背景"则是尚未分化的、衬托图形的东西。人们在观看某一客体时,总是在未分化的背景中看到图形的。重要的是,视觉场中的构造是不时地变化着的。一个人看到一个客体,然后又看到另一个客体,也就是说,当人们连续不断地扫视环境中的刺激物时,种种不同的客体一会儿是图形,一会儿又成了背景,主体与背景不断交替和互换。

　　广告中一图片为 S,当以 A 为背景时,知觉到的是图形 B;当以 C 为背景时,知觉到的是图形 D。而两次知觉到的主体图形与整体广告主题相同或相关。例如,要表现在线杀毒软件,当以背景色 A 为背景时,知觉到的是一盘"纹香"B;当以"纹香"外圈 C 为背景时,知觉到的是纹香最中央部分的 D"@"符号。心物同形论即假定脑内物理现象的秩序与心理现象的秩序之间具有同形的关系,物理现象和生理现象都有同样格式塔的性质,因而它们都是同形的,有着对等的关系,这种解决心物和心身关系的理论称为同形论。具体来说,同形论这概念意指在体验环境中的组织关系时,个体中产生了一个与之同形的脑场模型。[①] 这种脑场模型使个体趋于理解物理场中的秩序,而"背景—图形"可以理解为心物同形的一种。

---

① 考夫卡. 格式塔心理学原理[M]. 北京:北京大学出版社,2010:45.

5 大数据时代广告运作形态的发展与变革

5.1 TSE：大数据时代市场调查的变革
——追踪、筛选与外部性

　　大数据时代广告的整个运作过程都发生了变革。广告运作的第一个环节是：市场调查。市场调查是指对目标消费者相关特性的调查。传统的市场调查主要通过问卷、访谈、投射、实验等方式进行，选择目标消费者中的部分人进行调查，是抽样调查不是普查。大数据时代市场调查的样本和调查方式都发生了变革，大数据市场调查主要是普查而不是抽样调查，调查有三类方式：一是 TRACK：T——"追踪定位"，市场调查逐渐采用新的调研技术——追踪定位，在 PC 终端主要通过 COOKIE 进行追踪与定位；在移动终端主要通过 App 进行追踪定位；再通过相关激励把移动终端和 PC 终端关联起来，如鼓励用户将资料通过电脑传输到手机的互相传输，关联用户的移动终端和 PC 终端。追踪和获取更完整全面的消费者个性信息。二是 SCREENING：S——筛选。一些信息则通过消费者个体的主动暴露进行筛选。在微信朋友圈里或者手机 QQ 中设计相关内容或项目，使用户主动参与，但在参与项目或游戏的过程中必须输入一些个人信息或相关内容，这个隐性地获得用户个人信息或需求的过程就是筛选的过程。或是通过恰到好处的分享，简便的购买方式和流程，让用户享受到更多便利和报偿，从而乐于分享、勤于分享，使企业获得更多数据。三是 EXTERNALITIES：E——外部性。外部性一般指一个人或一群人的行动和决策使另一个人或一群人受损或受益的情况，市场调查中的外部性主要指个体信息的分享给企业带来的溢出效应。

5.1.1 追踪定位 TRACK

　　传统的市场调查是对目标受众的有针对性的调查，但因为调查时间、技术和费用的限制,有以下几点不足:第一,调查技术的限制。通常只能利用问卷、访谈、投射、实验、观察等方式对部分人群进行调研,技术的有限和时空的限制使调查可能只能获得片面数据。第二,调查周期较长,时效性较弱。问卷、访谈、投射、实验、观察等几种调查数据的分析的时间都较长,且不够直接精准,费时费力。第三,调查的片面性。采用抽样调查,因为无法对目标市场所有的消费者进行一一追踪与调研,调查结果还具有一定的片面性。第四,调查本身的科学性和反馈的有效性也会影响到调查结果。

而大数据技术特点是个体的"追踪定位":第一,调查技术的先进性。市场调查技术由传统的问卷、访谈、投射和实验等逐渐过渡到新的调研技术——COOKIE跟踪或 App 追踪。第二,调查时效性较强。追踪定位进行的是即时调查和即时反馈。第三,调查的全面性。调查可以深入到每一个消费者,对每一个个体做个性调查,因为选择的样本是所有的目标消费者,不再是抽样调查,因而调查更全面,追踪到每一个个体,数据更真实。第四,智能技术使调查较科学,反馈也较及时有效。市场追踪依靠的不是人工技术,而是高科技的智能技术,分析更客观、科学,反馈更及时有效。

个体追踪与定位,使每个消费者的信息呈现个体化、个性化、一一对应的状态,实际上就是信息熵的均匀和正态分布。这样的追踪和定位,使整个网络系统更加均衡、有序,信息的确定性提高了,价值也增加了。

TRACK 追踪主要是 COOKIE 与 App 追踪定位,在 PC 终端主要通过COOKIE 进行追踪与定位;在移动终端主要通过 App 进行追踪定位。

(1)COOKIE 是指某些网站为了辨别和跟踪用户而储存在用户本地终端上的数据(通常经过加密)。当个体在浏览网站的时候,COOKIES 会把个体在网站上所输入的文字或是部分文字内容都记录下来。当下次再访问同一个网站,Web 服务器就会依据 COOKIE 里的内容来判断使用者,所以,COOKIE 最基本的功能就是通过用户登录来识别用户身份,发送出特定的网页内容和相关信息给用户,为用户提供定制信息和个性化的服务。即网站可以利用 COOKIES 跟踪统计用户什么时间访问,访问了哪些页面,在每个网页的停留时间,相关的输入内容和相关的链接等访问该网站的习惯。最广泛地记录用户登录信息和用户搜索信息等。

(2)App 是手机等移动终端的定位与追踪。用户手机安装 App 以后,企业就可持续与用户保持联系,进一步获取用户的私人信息、使用习惯、使用内容、消费习惯及使用规律、单位使用时间等信息。随着移动智能终端的广泛应用,移动终端正向功能增强,向多模化、定制化、平台开放化的方向发展,而移动终端营销(App)可整合 LBS、QR、AR 等新技术，带给用户前所未有的随时随地的用户体验，分享和传播，口碑、体验和互动，从而产生不断使用 App 的持续激励。帮助 App 实现裂变式增长，提高用户规模和用户使用频率。另一方面，用通过新技术以及数据分析、数据定位和用户的信息分享，App 可以不断优化自身，进一步精准定位企业目标用户，实现低成本快速增长。App 将成为企业与消费者之间的信息媒介，企业可以将产品、服务的相关信息个性传送给消费者，而消费者也可以将自己的个性信息传输给企业。这种一一对应的关系实现了信息的有序性和稳定性，整个系统变得更加有序和稳定。

COOKIE 和 App 之所以能实现其在 PC 终端和移动终端的追踪定位与信息存储，是因为相关网站和相关 App 给了消费者免费进入网站获取信息或免费下载 App 体验娱乐、获取信息的自由和权力。免费有时是一种武器，可以吸引消费者进入，可以帮助企业获得关键信息。

5.1.2　筛选 SCREENING

筛选是指无信息的一方采取引起有信息的一方披露私人信息的行动。营销者引起消费者信息披露的主要筛选方式是：消费者的主动信息分享。那么如何激励消费者主动分享信息，从而帮助营销者进行筛选就显得尤其重要。

网络媒体相对于传统媒体的最大优势，在于信息的共享性与用户的参与性。传统市场调查利用的是传统媒体的特性，大数据时代，新的市场调查范式必然要使用到网络媒体相对于传统媒体最大的优势。因此，大数据时代，除了使用 COOKIE 和 App 进行追踪和定位外，还有一些数据的获得，是通过消费者个体的主动暴露进行筛选的。通过多屏技术把用户和 PC、手机三者关联起来，将不同场景和场域中的消费者联系在一起，勾勒完整的消费者个性图谱，如用户私人信息——QQ、微信、微博、手机号、用户个性爱好社交圈、购买习惯、频率等。通过消费者自己主动暴露完成筛选，获得完整的消费者社交媒体和私人信息，如消费者参加轻松筹，必须输入自己的 QQ 或微信或微博或手机号。

通过用户主动暴露的信息体现用户的兴趣和需求，再根据其兴趣和需求进行信息或商品的推荐。通过用户分享企业信息，使企业做更广泛的宣传和获取关于消费者社交圈的更多数据。而个体所有的分享内容，都是在一定的激励机制下产生的。个体通过比较成本与利益产生被激励行为，如果分享信息的成本大于利益，那么个体就不分享信息；如果分享个人信息的利益大于成本，那么个体一般选择分享信息；如果分享个人信息的利益等于成本，那么个体一般也不会选择分享信息。

也就是说,个体一般只有在分享信息对个人产生的利益大于成本的情况下,才会选择分享信息。

激励是引起一个人做出某种行为的某种东西,如惩罚或奖励的预期,理性人会通过比较成本与利益做出决策,所以,会对激励机制做出反应。营销者或其他人员对消费者适度的激励,可以使消费者主动分享自己的个体信息,换言之,主动将自己的个性调查结果呈现给营销者。个体在网络中分享个人信息的成本包括经济成本、时间成本、危机成本。经济成本指在自媒体或社交媒体或网络社区中发布信息的费用,一般来说,网络中发布信息的经济成本为零或极低;时间成本指在网络中分享个人信息所花费的时间,时间成本根据个体发布内容的长度和时间而变;危机成本指个体在网络中发布信息所带来的对个人隐私的威胁,如果发布的信息过于私密,会对个体或他人的人身安全或财产安全造成一定的影响。由此可见,消费者在网络中分享个人信息或个体消费信息的经济成本较低,时间成本较低,危机成本相对较高,但大部分消费者并未意识到在网络中发布和分享信息的危机成本,所以,就目前而言,消费者在网络中分享和发布个人信息或相关信息的成本是较低的。此时,营销者如果对消费者分享信息给予利益回报,就能对此分享行为产生激励,激励可包括精神激励与物质激励。精神激励如使消费者分享信息后获得情绪上的释放和精神上的满足,物质激励指消费者分享信息后给其财物上的回报。

另外,还有一些游戏内容所引起的设置与筛选。比如,心理测试需输入消费者姓名和相关私人信息,最后的测试结果并无科学性,纯属娱乐,但在此过程中,消费者所输入的姓名、生日及相关私人信息却被存储,成为数据的一部分。微信及网页上许多娱乐内容的测试,如"测测你的前世""测测你的姻缘"等都需输入个体消费者的私人信息或社交信息,消费者参与此类游戏的经济成本低,时间成本低,危机成本不高,而获得的精神激励——娱乐或社交(通过朋友圈的分享形成话题和谈资),这些筛选都可作为大数据信息的追踪和大数据时代新的市场调查方式。

5.1.3　外部性 EXTERNALITIES

外部性是指一个人在无报酬的情况下,其行为对旁观者福利和利益的影响。当一个人从事一种增加旁观者福利,而对这种福利不付报酬时,就产生了正外部性,反之,则产生了负外部性。营销者没有主动激励个体,个体在其他因素的激励下,也有意或无意地暴露了自己的信息,这时,这种暴露就体现了一种外部性,而获益者之一就是营销人员,这是一种正外部性。例如,分享信息可以获得网友点赞、扩大知名度、引人关注、发泄情绪等结果,那么个体在没有营销者激励的情况下,产生了一种自我激励或外部性的激励,在此激励下,同样主动分享信息。此行为,对于营销者而言,产生了正外部性。

大数据时代,一切都回归到用户原点。网络的定位便是用户的连接器与追踪器。连接人与人,连接人与物,连接人与内容,同时追踪人、追踪人的消费、追踪人的内容消费。消费者在自己的活动中对旁观者产生了一种有利影响或不利影响,这种有利影响带来的利益(或者说收益)或不利影响带来的损失(或者说成本),有时都不是生产者或消费者本人所获得或承担的,而是一种经济力量对另一种经济力量"非市场性"的外部效应、溢出效应。也就是说,个体在非营销者激励的情况下主动暴露自己的信息,使某些营销者在没有任何成本的情况下获得了收益,是对某些采取激励机制获得消费者信息的营销者的不公平,也是对直接购买消费者数据的营销公司的不公平。使部分营销者获得额外的收益或使部分营销者零成本获益,这种外部性扭曲了另一些营销主体成本与收益的关系,造成了一定程度上激励机制的市场失灵,这种外部性扭曲了某些主体成本与收益的关系,不利于整个社会的效率、效益和整体的资源优化配置。从长远的角度和整个网络系统优化资源配置的角度,外部性不利于市场的激励,因为没有付出的人获得了收益,这刺激和打击了付出成本的营销者的积极性,也抢占了他们一部分市场,这会激励其他的营销者免费效利和免费效益的私心。但这也说明,市场对某些人的正外部性是建立在对另一些人的负外部性的基础上的。

传统的市场调查调查的是样本,在整体抽样的基础上了解整个消费者群体,对应性较差,调查结果也比较模糊。大数据时代,此三种市场调查的方法使个体与个体调查信息一一对应,进而为网络化的分散布局带来了效率,极大地降低了物理成本,提高了调查的准确性和科学性。

这些调查方式使信息的不确定性减弱了,确定性增加了,系统的无序性降低了,有序性增加了,而熵是指信息的无序性,负熵指有序的信息。所以,大数据时代的三种调查技术和方法使熵降低了,负熵增加了,信息的有序度和对应性其实提高了。

5.2 广告媒体发布的变革:
程序化购买与公众自媒体发布

传统广告媒体发布是广告主事先与相关媒体,如杂志社、报社、电视台与广播电台约定发布的版面或时间,一般由广告主付费后刊发或播出广告。大数据时代,广告媒体发布不一定是广告主找媒体发布,也不一定是广告主付费,主要有三种形式:程序化购买、媒体发布与公众自媒体发布。程序化购买是指供应方和需求方在交易平台上交易,通过实时竞价或非实时竞价购买媒体、发布广告。媒体发布是非程序化购买的传统广告媒体发布在网络中的再现。公众自媒体发布是指公众参与到广告议题设置中去,通过自媒体参与发布广告信息,如论坛转载、转帖、微信转发、QQ 群发等。

传统广告媒体发布与大数据时代广告媒体发布的区别主要有:第一,媒介排期一旦确定,一般不会变动,不能随意增加或删除。而大数据时代,程序化购买的主要方式是实时竞价,可以根据效果和需求灵活地调整媒体的购买方式及内容。公众自媒体发布也可随时增加或删除广告内容,灵活多变。第二,传统媒介发布费用由广告主承担,大数据时代媒介发布费用,程序化购买仍由广告主承担,而公众自媒体发布已经变为由公众承担信息发布费用和成本,并占用自媒体资源、时间和空间。第三,广告媒体表现与媒体发布的融合。如前文所说,在议题设置下,公众自媒体发布信息的过程也就是广告表现的内容。

广告程序化购买的核心价值在于精准的用户特征与行为分析、精准的广告投放、即时与可视化的广告效果反馈等。

程序化交易相比传统媒体发布的特点有:一是根据流量来确定价格。这说明传统的广告付费模式正在发生颠覆性变革,即从原有的按浏览量付费的方式为主导向以点击率、转化率为主的广告付费模式转变。二是建构数据平台,通过实时竞价联结满足供应方与需求方。大数据追踪存储与分析使程序化购买更精准。大数据用户资源是 DSP(需求方平台)的核心需求,通过对用户的大数据分析,帮助需求方平台进行广告投入,以合理价格购买在线广告库存,进行精准人群或个体的定向推送与个性定制。多屏程序化购买整合多屏数据与跨屏投入,可以进一步提高广告效果评估的准确性,提高广告投放的准确性。三是 RTB 和 PDF,主要是指实时竞价,广告主通过竞价获得广告展示机会,公开交易的资源多以长尾流量为主,长尾流量是指一般非高端非主流的个性流量,对个别受众或少部分特定受众的到达,RTB 这种高效率高性价比的投放方式被中小广告主高度认可。四是 PDB 私有化交易,主要是广告主自己优先购买的高端媒体资源,运用程序化购买的方式进行对质和投入。这两种方式的程序化购买可以基本覆盖广告主的需求,让不同资源通过不同方式连通需求方和供应方。

移动互联网时代,移动终端可以随时随地定位消费者,进一步追踪用户的碎片化时间,移动程序化购买成为更有市场空间的购买形式。移动终端同时定位了公众的物质场景和虚拟场景,掌握了消费者的碎片化时间。通过 App 追踪或手机定位功能,可以及时熟知消费者何时何地何行为,可以及时进行广告的投放和信息的推送。

5.2.1 熵理论解析大数据时代程序化购买

5.2.1.1 什么是程序化购买

程序化购买,是通过计算机程序的介入,在用户数据资源的支持下,广告主通过数字交易平台自动地执行广告媒体购买流程。程序化购买要有四个主体:广告交易平台 AE、数据管理平台 DMP、供应方平台 SSP、需求方平台 DSP。AE(广告交易平台)是实现程序化交易的主要场所,它一方面为需求方平台发送广告位信息并接收竞价请求和广告主需求,另一方面对接各方的广告位资源(广告网络、SSP等)并提供竞价成功者的广告投放素材。[①] DMP(数据管理平台)——是指交易平台利用大数据技术从海量杂乱的数据中抽取出有价值信息的数据和内容,通常是对个体受众的数据管理和个性勾勒,是通过追踪定位技术对受众个性消费图谱的数据挖掘。DMP(数据管理平台)可分为第一方 DMP 和第三方 DMP。第一方 DMP 是指自己获得的消费者相关数据,第三方 DMP 是指通过购买获得的相关数据。SSP(供应方平台)主要是指提供广告位的广告发布平台或媒体。网络中,供应方和需求方平台的资源和信息相对复杂、混杂,交易平台的数据资源相对丰富。DSP(需求方平台),是指需求方输入或介绍自己的需求,将自己的广告素材或内容通过广告交易平台寻求相应的供应方平台发布,需求方平台实现购买广告的方式主要是通过程序化购买的方式。程序化购买是指包括 DSP、DMP、SSP、AE 所构成的广告系统和整体媒体运作系统。传统的媒体发布相对固定,如果中途变动,流程将会比较复杂,浪费相对多的资源和时间,而程序化购买系统的即时性、时效性、灵活性相对避免了过多资源和时间的浪费。

5.2.1.2 程序化购买中的商品价值维度分析

互联网营销应该通过做减法让营销变得高效、简易、方便,从而达到"效易营销"。程序化购买通过信息与数据的精准传播和对位,实现了供应方与需求方的有效对接。鲍际刚在《信息熵经济学》中指出:商品价值的细分维度有物质、能量、时

---

① 2014 中国移动程序化购买行业报告[J]. 声屏世界广告人,2014(09).

间、空间、信息五个维度。① 下面从这几个维度分别分析程序化购买中的商品维度较传统购买过程中商品维度的变化。

(1)商品价值的时间维度:马克思主义政治经济学认为,所有商品的生产都耗费了一定的社会必要劳动时间,商品价值包含所耗费的社会必要劳动时间。而商品的流通其实也耗费了一定的时间,时间有绝对稀缺的属性,提高可用时间就是延续了生命。因此流通时间的缩短意味着可用时间的延长和时间价值的增值。

传统广告媒体运作和广告媒体排期过程被程序化购买颠覆了,DSP(需求方平台)、SSP(供应方平台)、DMP(数据管理平台)、AD(数据交易平台)之间的相互作用构成了整个大数据时代的程序化购买系统。程序化购买系统由完全人力和人工策划运作排期变为系统运作和媒介平台排期。有技术的自动识别和匹配,时间缩短了,有效度相对提高了,节省了时间,流通时间缩短了,效率提高了。另外,需求方按照固定价格优先购买供应方未预定的广告库存,供求方可在平台上进行多家供给商的比较,以公开竞价购买未预定库存,即开放式交易,所有需求方均可购买供给方的未预定库存。这样避免了传统广告投放中人力资源和时间资源的浪费,缩短了商品宣传和流通的时间,也提高了时间的可用性和效率。

(2)商品价值的空间维度:大多商品占据一定空间,而空间本身所处的地理位置和空间大小都会影响该商品的价值。程序化购买使空间的有限利用率和利用度提高了。程序化购买广告的一种形式是实时购买,可以随时进行调整和更替,不像传统广告的固定购买和滞后调整性。优良的广告空间是经济系统的稀缺要素,空间价值提高了,意味着空间自由性和有效度提高了,传统广告中规格空间的广告需要在固定时间内投放,如投放一个星期、一个月甚至更长时间,即使知道广告的无效性也必须投放于固定的排期,而程序化购买中可以随时更替,空间的自由性提高了。因为程序化购买主要通过 RTB(实时竞价)和 Non-RTB(非实时竞价)的方式来进行。RTB 是广告交易平台在网络广告投放中采用的主要售卖方式,需求方在极短的时间内通过对目标受众的每次曝光机会拍卖的方式获得该次广告展现②,也可指在极短的时间内需求方通过对目标受众竞价的方式获得该次广告展现,是一种利用第三方技术在数以百万计的网站上针对每一个用户展示行为进行评估以及出价的竞价技术。实时竞价有利于广告媒体资源的有效利用,便于随时评估和调整信息发布策略,提高广告位的空间和时间效率。

(3)商品价值的信息维度:传统的广告投放的问题在于"广告费浪费了一半,但

① 鲍际刚. 信息熵经济学——人类发展之路[M]. 北京:经济科学出版社,2013:61.
② 2014 中国移动程序化购买行业报告[J]. 声屏世界广告人,2014(09).

不知哪一半浪费了",而大数据时代的程序化购买中DMP(数据管理平台)是基于数据挖掘的管理平台,对相应供应方平台消费者进行了追踪定位,对消费者的个性消费图谱进行了完整勾勒,这样的DMP(数据管理平台)有助于SSP(供应方平台)根据DSP(需求方平台)的需求进行广告的精准推送和投放。广告信息的到达率提高了,广告的信息价值也提高了。

程序化购买的价值之所以能体现出来,主要在于PC终端和移动终端的数据价值。PC终端主要使用COKIEE跟踪技术,而移动终端主要使用App跟踪,随着移动终端的普及,越来越多的用户在使用生活中的每一个碎片时间,用户主动搜索信息,广告主主动推达信息。移动终端与传统互联网的营销优势就是:用户有可能在碎片化的时间进入轻松舒适的网终营销环境。因此,处处皆可营销,时时都可推达信息。而这些发送到消费者移动终端的信息恰是消费者需要或潜在需要的。社会受到更加深刻影响的是,人们借以交流的媒介的性质,移动终端的使用,越来越多的用户在使用生活中的每一个碎片时间,用户主动搜索信息,广告主主动推达信息。

移动端程序化购买的信息价值更高。因为用户行为的变化基于用户位置的移动和场景的变化。非移动终端如个人PC并不能准确获知消费场景与需求,因而也就无法获知消费者的情景需求和碎片化购买时机。

(4)商品价值的物质能量维度:大多商品是物质产品,它的价值必然与其原材料的储量相关,因此商品价值必须包含物质价值,而大多商品的生产和储存也都伴随着能量的消耗,程序化购买过程中,商品的物质价值和能量价值损耗较传统广告时期更低了。因为程序化购买中,供应方与需求方在数据分析的指引下,有相对精准的对接,能降低商品到达消费者的时间,更快地促使个体的购买。

人类社会的生活逐渐由线下向线上转移,消费者渐渐难以习惯不能使用网络和移动终端的生活,消费者在哪里,广告就在哪里,因此,营销者的广告也大部分从线下移动到线上。大数据时代数据繁多而复杂,要使数据变成信息,产生价值是关键所在。数据的价值在大数据时代已然超越了提升生产效率的基础定位,智能搜索、智能推荐到种种智能服务和导航,数据价值化的结果是世界智能化。在传统营销时代中,营销变得日益复杂,营销成本越来越高。熵理论告诉我们,应该通过做减法,精减系统。在资源日益稀缺的今天应更节约能源、更节约物质、更节约和保护空间、更高效率地组织生产方式,尽量减少系统能量的损耗和价值的利用率,维持人类的可持续发展。

从整个系统投放的角度看,现阶段广告交易平台在移动程序化购买产业链中的地位将更加凸显,主要原因如下:负熵的输入以物质能量为载体,只有将信息(负熵)载到相应的物质载体上去,我们才能得到进化了的具有特定功能的新的物质系统。生命依赖负熵而生。未来社会的商品生产是分散布局的,是长尾的,同时高度网络化和归信息化,网络化给分散布局生存带来了效率,而归信息化则降低了商品生产的物理成本。将整个社会系统和经济系统看作一个网络,考察网络化与归信息化相结合对社会的创新公平和效率的影响。[①]复杂网络的无序性是指网络中存在极少数具有大量连接的集散节点和大量具有少量连接的边缘节点,这样的网络是非均匀的,非同质的,体现了网络涌现的一种"序"。[②]

5.2.1.3　程序化购买的"归信息化"

熊彼特的"创造性毁灭"鼓励通过毁灭落后产业从而鼓励新兴的朝阳产业发展,这种促进创新的方式存在缺陷,因为其产生的沉没成本太高,也就是说,建立新的边际成本不够低廉。所以,应把有限的资源投入到最有效率、消耗资源小但创造价值巨大的产业上,亦即信息产业。未来社会的商品生产应当是分散布局的,同时高度网络化和归信息化。网络化给分散布局生存带来了效率,而归信息化则降低了商品生产的物理成本。程序化购买是广告的网络化有序分布。体现为以下几点:

(1)网络中节点之间的连通性/可达性体现了一种平等,任何人都有表达诉求的权利。从供给方的角度来看,有多种出价表达方式,即可以通过固定价格方式售卖,也可以通过固定价格、受邀竞价和公开竞价方式售卖。售卖组合的方式更多,从需求方的角度来看有多种表达方式:内容灵活、实时更新。广告交易平台根据DMP(数据管理)平台实时对接海量资源中的供应方与需求方,根据需求方的需求提供供应商资源的平台。售卖内容可实时更新,也可根据用户反馈进行调整,弥补了传统广告一投放就不能在短期内变更的缺陷。

(2)网络化将程序化购买中的个体紧紧联系在一起,相连的点可以通过合作,发展进步,又促进平等,有可能趋向于帕累托最优。

程序化购买 RTB(实时竞价)和非实时竞价从某种程度上精简了系统,降低了熵,提高了负熵,提高了效率,优化了系统,表现在:第一,DMP(数据管理平台)可以相对有效地对供应方和需求方进行分流、对接。第二,DMP、DSP 还可以在广告投放后进行即时的广告效果评估与反馈:如通过用户的点击率、浏览时间和相关链

①　鲍际刚.信息熵经济学——人类发展之路[M].经济科学出版社,2013:125.

②　鲍际刚.信息熵经济学——人类发展之路[M].经济科学出版社,2013:121.

接可以基本评估广告的到达率,再根据数据联盟中的数据追踪,了解消费者是否购买此产品或是否对产品有购买意向,评估广告的有效度。程序化购买的优势之一在于能够实时优化广告活动,可以由追踪分析获知广告是否触及恰当的目标受众,受众有何想法以及如何改变他们的态度和行为,实时反馈帮助广告主更好地了解用户、调整广告,进行广告效果评估与分析。第三,程序化购买系统的能量价值、时间价值、空间价值、信息价值都发生了变化。能量是生命以及社会远离平衡态并且维持稳定、抵御熵增的重要负熵。[①] 能量消耗降低了,广告都伴随着能量的消耗,传统广告要消耗更多的人力物力,程序化购买主要靠系统的自动识别与匹配,因而能量消耗降低了,能量价值提高了。

从热寂论的观点来看,网络信息越来越繁杂,在网络中寻找,有时却找不到一点有用的东西。信息越来越多,却越来越混乱,越来越无序,网络的熵其实已经很高了。网络信息传播潜伏巨大问题,因而有一种能引导网络向着有序、能量消耗少的新技术出现,而且追踪定位下的有序性,大数据的有序性恰恰使网络系统成为一种耗散结构,网络在有序信息的注入下产生自适应,供应方平台与需求方平台在有序信息和对应信息的注入下,都体现出更大效益。

5.2.1.4　程序化购买的最大问题

(1)价格战

程序化 DSP 这个领域的重要特点是,用户积累程度与程序化购买系统高效程度成正比,资源越聚集,推动程序化购买的算法、数据和产品越升级,随着交易平台上需求方与供应方的密集投入,价格战已经显现。RTB 实时竞价可能会导致供应方之间或需求方之间的恶性竞争。

(2)效果评估机制还不完善

程序化购买的过程可以分为以下几步:第一,DMP(数据挖掘平台)的建立,前文所说的利基营销中的追踪和定位使每一个用户的需求和信息建立数据库、资料库,勾勒每一个消费者的个性图谱,并对供应方和需求方平台进行分流。第二,根据 DSP(需求方平台的需求)匹配 DMP 平台中的相对应消费者,制定个性广告信息进行推送。匹配使每一个用户的界面和广告不同,但效果评估机制尚不完善,数据平台上只能获得点击率、浏览率、浏览时间,却暂时无法获得程序化购买广告的实时有效度。

---

① 鲍际刚. 信息熵经济学——人类发展之路[M]. 经济科学出版社,2013:62.

5.2.2 公众自媒体发布

公众自媒体发布是指公众参与到广告议题设置中去,通过自媒体参与发布广告信息,如论坛转载、转帖、微信转发、QQ 群发等。公众自媒体发布的过程其实也是广告参与的过程,广告的议程设置很重要,这是吸引公众参与的关键。公众之所以愿意通过自媒体发布信息,原因在于大数据环境中数字化自我的发泄和体现。数字化自我进一步体现了本我被压抑的欲望。

本我是人格结构的最底层,是人格结构中最原始、最隐私、最模糊而不见的部分,它靠遗传本能源源不断地提供能量,不与外界发生直接的交流,是个体获得经验之前就已存在的内部世界,是构成人的生命力的内在核心,本我不受任何理性和逻辑准则的约束,也不具有任何价值、伦理和社会道德的因素,它的唯一机能是躲避痛苦、寻求快乐,实际上,本我所反映的是人的原始的欲望和冲动,是人的纯生物性的一面。①

因为资源有限,每个人的本我的原始的欲望和冲动不能一一得到满足,所以形成了一定的社会规制、伦理道德、社会禁忌和风俗习惯,进一步形成了经济制度、政治制度和社会制度,这使每个人如果只顾及本我的原始的欲望和冲动,则会受到社会的惩罚。所以,人只有在允许的范围内实现本我的原始欲望和冲动,而相当一部分本我的欲望和冲动都处于受压抑状态,这就形成了本我与外界的新的心理组成部分——自我。自我存在的基础是外在的客观世界,本我存在的基础是内在的欲望世界。自我时刻提醒个体社会的尺度与个体的"印象管理"和形象。弗洛伊德认为自我是人格的执行者,而超我是人格结构中的最高部分,由完美原则支配,属于人格结构中的道德部分;超我是理想的境界,对本我的存在有一定冲突,对"自我"带有侵略性;超我要求个体时刻以道德楷模来要求和规范自己。

人的任何行为都可以从本我、自我和超我之间的联系中得到合理的解释,自我是依赖于客观世界而存在的,本我是依赖于内心原始的欲望而存在的,超我是依赖于理想境界和理想主义而存在的。超我和本我有矛盾,本我与自我也不相符。从这个人格结构上看,可以看出人自身的矛盾和作为人的矛盾统一体。

社交部落的封闭性使本我在大数据时代网络虚拟场景中有更强的释放。数字化媒体中的数字自我更倾向于本我的原始欲望和冲动的发泄,在数字化媒体发展之初是因为网络的"匿名性",到了大数据时代,因为"追踪定位"技术,人人在网络中少隐私或无隐私。网络在大数据时代已经不具有"匿名性"的特点,实名制成为

---

① 符国群. 消费者行为学[M]. 北京:高等教育出版社,2001:132.

大数据时代网络的一个转向,但社交性和部落化却日趋明显。微信群、QQ群使社会日趋部落化,这种部落日趋封闭式,这种封闭性是传统物质场景中所不可比拟的。传统物质场景中的封闭最多靠关门、关窗、关声音、挡光线来实现,但这种封闭性的实现却不是绝对的,而大数据时代,网络部落群体的封闭性却是绝对的,只要不加入群,听不到声音、看不到任何图像,好像一个与世隔绝的黑匣子,绝没有外界的干扰。这种封闭性使群体中的人暂时忘记了社会伦理、规制与禁忌,在虚拟空间里释放本我、发泄欲望。

数字化自我更可以体现本我的需求和欲望,不是由于网络的隐匿性,因为大数据时代,一切皆可追踪定位,进入少隐私或无隐私时代,因而大数据时代,网络已失去了“隐匿性”这一特征。但网络的群体化的体现和网络规制的不完善,使数字化自我可以较现实场景中更好地体现本我需求。

而自媒体成为一个很好的体现自我心灵和本我欲望的平台,为了体现现实生活中对本我的压抑,数字化自我在自媒体平台上释放感情、满足需求。自我需要在适当范围和时空内满足本我需求,有尺度地享受快乐,同时又在一定环境下适度体现超我的“主义理想”和“道德”。若个人承受的来自本我、超我和外界压力过大而产生焦虑时,自我就会帮助启动防御机制,比如压抑、否认、转移、升华等。压抑是指暂时压制和忘记自己的需求和欲望;否认就是改变观点或行为使之一致;转移就是将一种需求和欲望转移为另一种需求;升华是指将欲望或需求上升为一种精神状态,使之得到满足。

5.3 广告效果评估的变革

广告效果是指广告活动或广告作品对社会所产生的影响。广告效果从广义的角度,是指广告对社会、组织和个人所产生的影响,包括即时效果和延时效果、直接效果和间接效果。广告效果从狭义角度看,指广告对消费者购买的影响,主要指市场占有率和品牌认知的影响。

广告效果按涵盖内容和影响范围一般包括:广告的销售效果、传播效果和社会效果。按产生效果的时间关系分:即时效果、近期效果和长期效果。按对消费者的影响程度和表现分:到达效果、认知效果、心理变化和促进购买效果。[①] 一般来说,

---

① 倪宁.广告学教程[M].北京:中国人民大学出版社,2009:333.

广告效果评估注重评估的是广告的销售效果和传播效果,销售效果主要指消费者实际购买行为相关指标和数字。如果广告能够引导消费者产生购买意向并产生购买行为,这就是一个有销售力的广告。但有时,难以单一地衡量一个广告的销售效果,因为通常一个广告难以达到立即促使产生购买意向和购买行为的目的,即使消费者立即产生了购买行为,也通常有其他变量的影响,如其他广告、促销、公关、人员推广等其他活动相配合,且受到以前的广告影响,如消费者通过以前长期广告认知所形成的对品牌、产品或企业形象的认知所产生的购买影响,这些都一起达到促使消费者购买的行为。所以,这也就使得单个广告的销售效果难以得到评估。另一方面,每一个广告的效果不能也无法单从即时销售效果来进行评估,有时,单个广告可能无助于即时销售效果,但有助于长期销售效果;单个广告可能无助于销售效果,但有助于消费者对产品、品牌或企业的认知,唤起了消费者的需求或潜在需求,为后面一系列广告投入效果的提高奠定了基础。

而大数据时代,由于广告市场调查、广告表现和广告发布的变革,广告效果评估也相对发生了变革。广告效果评估不但要关注信息接触、刺激点、关注点、消费者认知、评价、购买意向和购买行为等针对具体广告目的的广告效果外,还要关注大数据环境下,消费者在接收推送式广告后是否主动查询和搜索相关信息、是否评论和共享相关信息、是否参与广告内容的生产、是否在自媒体内参与广告内容的发布等。

5.3.1　效果评估样本的变化

传统广告效果评估是通过抽样评估广告效果,不能完整地统计和调查所有消费者接收广告后的效果,而大数据时代广告效果评估样本可以是所有的消费者。可以通过追踪定位所有的消费者,直接或间接评估所有的消费者接收广告后的效果。这是大数据广告效果评估相对于传统广告效果评估在样本评估中的变化。

5.3.2　传播效果评估的变化

传统广告效果评估一般通过抽样法评价消费者的认知效果、评价效果、记忆效果和行动效果。

大数据时代广告效果的评估:认知效果、记忆效果、行动效果,是通过点击行为、搜索行为和共享行为来完成的。

5.3.2.1 认知效果

认知效果是指广告和品牌信息传递给消费者后,消费者根据已有的知识和态度对广告信息加以分析评价,从而产生的思考、想象和联想等反应。[1] 在大数据环境下主要通过点击和流量评估广告认知效果。认知是指广告信息直接作用于感官时消费者对广告信息的反映。消费者对广告信息的认知主要依赖两种线索:一是广告本身的内容和形式;二是广告的媒体特性。广告的内容和形式是指广告以什么样的信息、以何种呈现方式展现出来,会影响消费者对广告的认知;广告的媒体特性是指广告信息通过什么样的平台展现和发布出来,也会影响消费者对广告的认知,即媒介影响信息甚至媒介决定信息。因为不同媒体的可靠性和权威性不同,所以消费者的认知也会不同。

认知包括两个阶段:对刺激物的注意和理解。消费者认知中的第一个阶段——对刺激物的注意,常用广告点击次数、流量来体现。因为网络用户在浏览网页时,实际点击某一条广告的次数就是广告的点击次数,相比广告曝光次数而言,广告点击次数可以较为准确地反映广告的注意效果,而流量越多,也说明消费者对此广告的注意延续程度相对较高。但认知的第二阶段——对刺激物的理解,需要用巧妙的方式进行设置,如通过一些融入产品或品牌的娱乐性的链接来设置和测试消费者对刺激物的理解。

传统广告评估时,评估认知效果主要是通过抽样调查,使用问卷、访谈、观察、测量等方式研究消费者对广告的认知和评价。大数据时代,评估认知效果范围更广,精准度更大。因为,大数据可以对每个消费者进行追踪和定位,抽样的对象可以普及和准确到每个人。通过消费者对广告链接的点击和流量,可以看出此广告对消费者的有用性,消费者对广告的认知程度。

5.3.2.2 记忆效果

记忆是接收过的广告在消费者头脑中的反应。凡是人们感知过的事物、体验过的情感以及练习过的动作,都可以以印象的形式保留在人的头脑中,在必要的时候又可把它们再现出来,这个过程就是记忆。[2] 记忆包含了瞬间记忆、短时记忆、长时记忆三种。瞬间记忆时间很短,一切暂时进入感官记忆系统的信息,都可以说进入了瞬间记忆,但瞬间记忆的特点是遗忘的速度很快,且再无回忆。至少要进入消费者的短时记忆的广告才能说是具有意义的记忆效果。进入瞬间记忆的广告信

---

① 王晓华. 广告效果[M]. 北京:高等教育出版社,2012:8.

② 符国群. 消费者行为学[M]. 北京:高等教育出版社,2001:189.

息进一步受到筛选,其中,一部分信息受到特别注意进入短时记忆系统;短时记忆一般信息保持时间不超过一分钟。而进入短时记忆的广告信息进一步受到筛选,其中,一部分信息受到特别注意再进入长时记忆系统,长时记忆是指一分钟以上的记忆。记忆效果评估是保持还是能再认或回忆,是进入了瞬间记忆,还是进入了短时记忆或瞬间记忆。

传统的广告效果评估中记忆效果的识别是通过测量和实验,且抽样对象不是整个消费者群体,而大数据时代广告效果评估中记忆效果的识别可以通过传统的测量和实验,还可以通过消费者对广告信息的点击、搜索和共享,判断是否进入其短时记忆或长时记忆。例如,消费者若对大数据推送的广告感兴趣,广告进入其瞬间记忆,便会点击该广告并产生相当流量;如果消费者对广告感兴趣,广告进一步进入消费者的短时记忆,消费者便会主动搜索与广告信息相关的内容,进一步验证和完整相关广告和品牌信息;如果消费者对广告信息兴趣浓厚,认为可用性很高,价值很大,则可能进一步分享该广告信息,这说明广告信息已进入消费者的长时记忆。

5.3.2.3 行动效果

行动效果指消费者接触广告信息后,引起的内心需求感和满足需求的愿望和行动。

传统广告时代,广告行动效果的测量一般通过问卷、访谈,从消费者处获得。大数据时代,消费者在线上的消费行为可以追踪定位而获得(通过购买记录和购物车记录),消费者在线下的消费行为可以通过商场、车站、超市、银行、酒店数据或相关刷卡记录形成各行业共用的数据平台和云数据。

大数据时代,购买意向还可以通过个体消费者的搜索行为和共享行为来测量。大数据的追踪和定位可以跟踪每个消费者,获得他们点击行为、搜索行为的数据和共享行为的数据。一般来说,点击行为主要可以评价认知效果中的注意程度。点击了说明消费者不仅注意到广告且对广告内容产生一定兴趣。搜索行为主要可以评价认知效果、传播深度和记忆效果:搜索行为是指消费者接触广告信息后是否产生相关的信息搜索行为,这是衡量其对广告内容理解、认知和记忆的指标。也是是否会采取消费行为的有效指标。共享行为可以评价行动效果:共享效果指消费者接触广告信息后是否在社交媒体内传播或自媒体内共享。一般来说,从心理学上来看,产生共享行为的信息,有以下几种情况:第一,是消费者已经认同的信息,并已产生购买行为;第二,是消费者已经认同的信息,但还未产生购买行为;第三,是消费者已产生需求,但有待于通过进一步分享,提高认知的广告信息;第四,消费者已产生购买行为,但购买后不满意。

5.3.3 销售效果的评估变化

广告效果评估的时间更短,传统广告时期,广告效果评估要通过传统数据搜集方式收集消费者购买或认知或记忆的效果,如实验测量法、观察法等。大数据时期,广告销售效果评估更直接有效,也更快。

5.3.3.1 即时效果和短期效果

即时效果或短期效果通常是指信息传播后即时表达的效果或短时表达出来的效果。种种促销和营业推广活动就是追求短期效果。广告的转化率是指用户点击广告进入广告主网页或产品网页,并发生销售转化或销售意向转化的比例。转化是指用户的实际转化行为,如完成下载、完成注册、商品购买等,其标志是出现转化的页面,如下载成功页、完成注册页、完成付款页等。每出现一次这样的行为,就称为一次转化,加在一起称为转化次数。用转化次数除以广告曝光次数,就是转化率。转化次数和转化率可以较为清晰地反映广告的即时效果或短时效果。

5.3.3.2 长期效果

长期效果是指信息发布一定时间后产生的效果。通常是受众经过比较与判断后对信息做出的反馈。

长期效果是在连续的信息传递中,经过信息的积累逐步由量变到质变,受众在不断作用下发生潜移默化的变化。产品通过广告建立品牌的过程就是长期效果的体现,品牌的建立需要持续不断地向目标受众传递品牌信息,使受众在不知不觉中记住品牌特征,接受品牌理念,对品牌产生好感。所以,评估广告的销售效果通常可以评估品牌的知名度、美誉度等指标。消费者对品牌的评价较高,则在一定程度上意味着广告的长期效果较好。

大数据时代销售效果相对于传统广告销售效果更好评估,主要在于:第一,销售额的资料获取更为容易。传统广告的销售额数据变化较难统计,因为数据的追踪和存储都有限,大数据时代销售数据的追踪比较容易,且数据的存储是无限的。更易于按照数学模型证明广告投放的变化与销售额变化的关系。第二,线上购买使广告评估的延迟性更弱。传统媒体时代,产品销售与广告投放之间的变量关系受到时间的延迟性的影响,线下产品销售,往往投放的广告体现的产品销售是不同步的变量关系。但大数据时代,线上产品搜索、线上产品购买、线上信息共享,往往较传统广告时代,更能体现即时广告销售效果。

但即使在大数据时代,广告评估的销售效果仍然很难精准地评估。第一,消费者产生销售效果并不只有广告一个因素的影响,除了广告,还有促销、营业推广、情境等因素的影响,就算消费者产生购买行为是因为广告的影响,而企业一般也不会只发布一个广告,而是多个广告相配合,因此也很难评估单个广告的效果。第二,广告效果的延迟性和延续性也使得某一时期销售额的变化并非完全受到当时广告投放量的变化的影响。

一个广告,消费者观看后,可以有直接的指标评价广告的传播效果,是因为传播效果与广告观看的时间较短,可变量较少,可以直接通过点击率、浏览率、搜索内容和共享内容评价广告的传播效果。而线上销售效果相对较好评估,但线下销售效果因为影响的内容和因素更多,不是单一的变量的关系,延迟性更强,相对来说不太好评价。

5.3.4　大数据时代广告对销售效果影响的评估模型

传统广告效果评估有三种模型,在大数据时代广告效果评估也能使用。NETAPPS 模式表达的是"在所有购买者中因广告而增加的购买者比率",是以广告商品购买者为基数建立的模型;PFA 模型表达的是因广告带来的增加的购买率,是以看过广告的群体为基数,统计纯粹因为广告作用而增加的购买率的模型;广告效果指数(AEI)是指在全部目标消费者中,纯粹由于广告作用引起的购买者所占的百分比。广告效果指数与 NETAPPS 模型计算的分子都是纯粹广告作用增加的消费者,不同之处在于,NETAPPS 模型以实际购买的人数为基数统计,广告效果指数以全部调查对象为基数统计。这三个模型的建立都需要调查这样两个指标:是否看过某品牌广告和是否购买过该品牌商品。[①]

5.3.4.1　NETAPPS 模型

NETAPPS 模型是指纯广告因素引起的购买者占总购买者的比率,这一比率由美国斯塔齐创立。这一模型的好处在于:可以避免其他因素对销售效果的影响。因为在看到广告并购买的消费者中,有的是受广告影响而购买,有的并不是受广告影响,而是因为促销、情境等其他因素购买。因此,此模型在看过广告的购买者中剔除了非广告因素而引起的购买者人数,剩下的是纯广告因素引起的购买者。这个模型的假设是"非广告因素购买等于没看过广告的购买"。

例如:为研究空调广告对销售效果的影响,用 NETAPPS(在所有购买者中因广告而增加的购买者比率)来衡量广告对消费者的购买率的影响,随机访问 500

---

① 王晓华. 广告效果[M]. 北京:高等教育出版社,2012:226.

人,其中有300人看过空调广告,200人没看过空调广告。看过空调广告的300人中有150人买过空调,有150人没买过空调。在没看过空调广告的200人中50人买过空调,150人没买过空调。

这个案例中,首先考虑没看过空调广告的非广告因素引起的购买率。50个人没看过广告也产生了购买,说明非广告因素的购买率为50/200,等于40%。假设这种非广告因素的购买率在每个群体中都是均衡分布的,那么在看过空调广告的300人中,也存在同样的非广告因素的购买率。依据这个比率,非广告因素引起的购买量是300×40%=120人。那么买空调的150−120=30人就是广告因素引起的购买量,即纯广告引起的购买人数是30人。所有购买空调的人数是看过广告和未看过广告的,一共有150+50=200人购买,所以,在所有购买空调的人群中,纯广告因素引起的购买率是30/200=15%,即在某空调的销售过程中,仅有15%的购买率是由纯广告因素引起的。

5.3.4.2　PFA模型

这是指广告引起的销售情况的变化,这种变化可以用购买率来衡量,即广告带来的增加购买率。在上例中,看过广告的群体的购买率为150/300=50%,未看过广告的群体购买率为50/200=25%,则广告带来的增加购买率为50%−25%=25%。

5.3.4.3　广告效果指数(AEI)

广告效果指数是指在全部目标消费者中,纯粹由于广告的刺激引起的购买者所占的百分比。在上例中,AEI=30/500×100%=6%。

大数据时代广告效果评估不仅仅是抽样进行的,而且可以针对个体的利基调查和广告效果调查。

【案例分析】消费者归因解析王老吉营销

归因,是指人们对他人或自己行为原因的推理过程。具体地说,就是观察者对他人的行动过程或自己的行为过程所进行的因果解释和推理。

这是一个社会判断过程,是根据所获取的表面信息分析、整理,从而推论其内在原因的过程。归因的理论研究是从海德开始的,海德的理论主要涉及人们行为的原因源,即关注他人行为的因果关系。他认为,人行为的原因分为两种,就是内因和外因:内因指内在原因,即个体自身具有的、导致其外在行为表现的品性或特征,包括个体的人格、情绪、心境、动机、欲求、能力、付出等;外因是指外在原因,即个体自身以外的、导致其外在行为表现的条件和影响,包括环境条件、情境特征、他人的影响等,人的行为表现的原因中总是既包含着内因又包含着外因的,两者之间不存在有无之别,而只有主次之分。

在海德的归因论的基础上,凯利提出了三维归因理论。又称共变理论或方差分析归因模式,是现在各种归因理论中较有代表性和引人注意的一种归因理论。这一理论遵循的基本原则是共变原则。在凯利看来,人们在接受行为的原因和结果的共变信息时,信息有可能来自三个方面,即行为者自身、行为所指对象和行为产生时的环境因素,而行为的归因就是要在这三者中寻找出能够说明和解释行为的那一个因素。在此基础上,他提出进行归因所因遵循的三条原则:差别性原则、一贯性原则、一致性原则。

归因理论在广告及营销过程中有大量的运用。消费者归因是企业帮助消费者从有利于消费者、产品、企业或品牌的角度思考信息、解释信息的过程。例如,当航空公司班机晚点时,如企业将误点的原因归因于气候条件时,乘客反应比较缓和,但如将误点原因归因于航空公司,乘客的不满情绪较大。由此可见,帮助消费者进行有利于企业、产品或品牌的归因是现代营销活动中一项必不可少的任务。归因理论在 4P 和 4C 理论中都有运用。本文主要以王老吉为例解析归因理论在 USP 中的运用。

USP(Unique Selling Proposition,独特的销售主张)理论是 R. 瑞夫斯在 20 世纪 50 年代提出的影响深远的广告理论。明确的概念、独特的主张、实效的销售是 USP 的理论核心。USP 不同于定位理论,它要求:

(1)每个广告都必须向消费者陈述一个主张。不仅说上几句话,吹捧吹捧产品,每个广告都必须对每位读者说购买此产品会得到具体的好处。

(2)该主张必须是竞争者所不能或不会提出的,它一定要独特——既可以是品牌的独特性,也可以是在这一特定的广告领域一般不会有的一种主张。

(3)这一主张一定要打动千万人,也就是吸引新的顾客使用你的产品。王老吉的"怕上火,喝王老吉"就是一个独特的销售主张,"农夫山泉有点甜""乐百氏,27层净化""农夫果园,喝前摇一摇",都属于独特的销售主张,提出了前人没有提出过的、具有感染力的、能打动消费者的、告诉消费者购买此产品能得到的好处的主张。

从 USP 的三点要求上可以看出,归根到底,企业要帮助消费者提供一个有利于消费者利益的主张,即购买产品能得到的好处(这个主张同时也是有利于产品销售、企业传播、品牌传播的主张),也就是帮助消费者归因。王老吉作为市场上的一种饮料,提出了前人未曾提出的"独特的销售主张",即 USP"怕上火,喝王老吉"。王老吉凉茶是一种由中草药熬制,具有清热祛湿等功效的"药茶"。但这并不是企业的卖点,不是王老吉产品的定位和广告的诉求重点。就像可口可乐,最初同样是功能性药饮,功效是治疗神经性头痛。后来,可口可乐却将自己定位为"提神醒脑的饮料"。究其原因,是因为要进行有利于消费者和产品、品牌的有效的归因,说"药"消费者不一定买,可说"预防上火""提神醒脑",消费者却有了购买欲望。因为现在的消费者越来越重视自然和健康,药不但不能激发他们的购买欲,甚至还让消费者十分忌讳,而具有保健作用的天然、健康的饮品却让消费者十分中意。所以,帮助消费者进行有效的归因是使其购买的前提。

一直以来,王老吉对消费者购买此饮料进行归因:健康的需要。也就是帮助消费者进行健康归因。但以前的归因和现在的归因大有不同。

(1)王老吉早期的广告中对消费者购买的归因。王老吉早期的电视广告:一个幸福的四口之家,爸爸妈妈姐姐都有一罐王老吉,小男孩却没有,可聪明可爱的他知道从冰箱里拿,用屁股不断蹭冰箱门,还是打不开,最后他想到了用凳子,终于喝到了王老吉。广告语是"健康家庭,永远相伴"。但这个广告并不能够体现红罐王老吉的独特价值,也就是对消费者来说,"健康"归因说得不够具体。人人都想健康相伴,人人都在提倡健康,关键是怎样才能健康。王老吉在这个广告里只给了消费者一个抽象的健康概念,却没有证据来支撑这个概念。消费者只能对自己购买王老吉进行这样的归因:买王老吉是为了自己的健康,但为什么能健康却不清楚。所以,这个广告在解释消费者的购买原因上是不太成功的,即在帮助消费者归因时是不太成功的。

(2)王老吉现在的广告中对消费者购买的归因。现在王老吉的广告定位是"怕上火,喝王老吉"。这个定位将健康的概念说得更为具体,原来是"不上火",更重要的是,告诉消费者以前一些不太环保的产品,现在只要和王老吉一起喝,就是健康饮食。火锅、烧烤、油炸都可以无所顾忌,因为王老吉是"预防上火"的清凉饮品。为更好地唤起消费者的需求,帮助消费者归因,电视广告选用了消费者认为日常生活中最易上火的五个场景:吃火锅、通宵看球、吃油炸食品薯条、烧烤和夏日阳光浴,画面中人们在开心享受上述活动的同时,纷纷畅饮红罐王老吉。结合时尚、动感十足的广告歌反复吟唱"不用害怕什么,尽情享受生活,怕上火,喝王老吉",这都有效地帮助消费者归因:只要有了凉茶王老吉,就可以畅快地饮食、尽情地享受生活。

王老吉独特的销售主张(USP)中的防御性归因这个广告里面,主要帮助消费者进行防御性归因。在人们对他人的行为进行归因时,人们往往将行为归因于内部稳定的性格因素,而忽视引起行为的外部客观因素,这一归因现象被社会心理学家称为"基本的归因错误"。归因理论中的"行动者——观察者效应"则是指尽管我们常常将他人的行为归因于较稳定的人格因素,但我们却倾向于将自己的行为归因于外部因素,即随情境而变。无论是基本归因错误还是"行动者——观察者效应",其在归因时都是将有利的一面归于自己,不利的一面归结于他人,可称为防御性归因。例如,当一个人成功时,将成功的主要原因归结于自己,当一个人失败时,将失败的原因归结于环境,而非自己。当他人成功时,将他人成功的原因归结于环境,当他人失败时,将他人失败的原因归结于他人自身的原因。消费者认为美食应当尽情享用,尽情地满足自己的舌头,之所以不敢沾油炸、烧烤等上火类食物,或不敢多吃而不能尽兴,消费者不会责怪自己贪吃,而是认为目前的许多美味食物做得不够绿色、科学和环保,没有克服"上火"这一缺陷。这就是消费者在进行有利于自己的防御性归因。现在王老吉定位为"预防上火的饮料""怕上火,喝王老吉",解除了消费者内心的顾虑。消费者可以在烧烤、火锅、油煎、香炸食物面前一饱口服。通宵不眠,喝了王老吉也不会上火,其原因不外乎"喝一罐先预防一下""可能会上火,但这时候没有必要吃药",让消费者无忧地尽情享受生活。王老吉在帮助消费者归因"怕上火,为什么喝王老吉时",主要抓住了以下几点:

(1)凉茶这种传统功能性饮品,其历史和配方是品牌的核心优势。王老吉借助170多年的历史树立"凉茶始祖"的身份,完善自己的品牌故事,并塑造配方的传统性与神秘性。"王老吉"悠久的凉茶文化和凉茶历史,成为预防上火有力的支撑。淡淡的中药味,使消费者更相信其"预防上火"独特的销售主张。

(2)分销渠道选择得当,在国人易上火的湘菜馆,川菜馆和炸鸡连锁店,油煎、油炸食品店及烧烤场所卖饮料,另外选择一些主要的火锅店,甚至选择要通宵熬夜的场所卖饮料,如网吧、KTV、迪厅等都是比较恰当的。

(3)王老吉消除了中国人心目中"是药三分毒"这样的顾虑,提倡健康饮食、绿色环保的概念,进一步拓展消费群和消费量。完全改变了把传统凉茶当成药饮产品的经营方式。

(4)频频的消费者促销活动,同样是围绕着"怕上火,喝王老吉"这一主题进行。如在酷暑时举行"炎夏消暑王老吉,绿水青山任我行"刮刮卡活动,消费者刮中"炎夏消暑王老吉"字样,可获得当地避暑胜地门票两张,并可在当地度假村免费住宿两天。这样的促销,既达到了即时促销的目的,又有力地支持巩固了红罐王老吉"预防上火的饮料"的品牌定位。

王老吉归因策略的再思考:笔者以为,要突出"怕上火,喝王老吉"这一独特的销售主张,还可以从以下几个方面努力帮助消费者进行归因,告诉消费者为什么要多喝王老吉:第一,报纸上刊登软文广告。报纸上刊登的软文广告以新闻和科普文章的方式引导和改变人们的观念，在文章中告诉消费者"'上火'是人体各器官不协调造成的，医学上称为应激性疾病"，"不要等到咽喉干燥疼痛、眼睛红赤干涩、鼻腔热烘火辣、嘴唇干裂、食欲不振时"才认为是疾病，预防最重要。多吃一些凉性食物有助于预防疾病，而王老吉就是其中一种。第二，在分销渠道上除选择湘菜馆，川菜馆和炸鸡连锁店，油煎、油炸食品店及烧烤场所，火锅店，通宵熬夜的网吧，KTV，迪厅等之外，还可以选择中药补品店和西餐厅等场所。因为中医专家表示：如阳性体质，再服用补品导致内热丛生，不利健康，所以对于经常进补的人，辅助凉性食物更益健康。而西餐厅中的铁板牛排、羊排性热，常吃容易上火，狗肉也同样如此，喝点王老吉有益无害，体现"预防上火"的品牌定位。第三，以白领阶层为目标消费者群，针对他们做一些促销活动，因为白领阶层工作压力大，生活节奏快，不规律，一有工作压力或生活不规律，就非常容易"上火"。应该注意食用一些"清火"的食物，如王老吉，再次体现"怕上火，喝王老吉"的 USP。

6　大数据时代广告营销的关键
——利基营销

大数据技术开发了更微小和细化的市场——利基市场,使每个消费者可以成为一个特定的目标被追踪、被满足。这使传统的市场细分被颠覆,每一个消费者成为一个独立的市场,被追踪、定位,个性信息被推送。这种将每一个消费者确定为一个市场,进行个性追踪定制的营销方式,称为"利基营销"。

基于大数据的技术和媒介特性,利基营销将成为大数据环境下企业的一种基本营销方式。经过分析,大数据下,基于个体的利基营销过程为:追踪(track)、分享(share)、个性定制(customise)、刺激购买(purchase)、关系(relation)。本章提出大数据时代基于顾客需求逻辑的"利基营销",并运用顾客感知价值的分析框架来分析此基本营销方式。

人类正处于一个经济、社会与技术大变革的时代,世界正在被移动化、互联化和智能化。大数据时代的核心是智能化,可将人与其他事物通通数据化、可视化,个人行为越来越被跟踪、被量化、被分析、被预测,企业在决策时利用数据优化现实操作和行为,越来越精准地服务于更多的消费者。

大数据通过对消费者需求的追踪与分享,可以从更窄的角度细分市场、寻求独特利益组合的消费者群体,可以将细分市场再细分,直到细分至个体消费者。利基就是指从更为狭窄的角度定义,寻求独特利益组合的消费者群体。大数据时代,利基营销的本质在于更好地追踪和了解消费者的需求,并为消费者定制个性化产品和服务。大数据和互联网正在将大规模市场转换成无数的利基市场,这成为大数据时代广告营销的关键,也成为大数据时代的基本营销。

6.1　基于"顾客需求"逻辑的"利基营销"

价值体现在主客体的关系中,而产品的价值就体现在产品相对于顾客的价值中,产品对顾客没用,则没有价值,产品对顾客有用,则有价值。这里面,主体是

"商品",客体是"顾客"。只有符合顾客需求的商品才有价值,反之,则没有价值,而利基营销的提出是基于"顾客需求"的逻辑。

6.1.1 追踪兴趣与需求(track)

只有通过追踪消费者兴趣与需求,才能精准地得知个体消费者需要些什么,"追踪"正是为了更好和更大地彰显顾客需求和价值。大数据的技术支持提供了追踪需求的基础。追踪主要分为三个阶段:

第一阶段,建立数据库:取得企业所能获得的关于消费者的所有数据。顾客注册、登陆、评价产品、物流选择、登陆时间、间隔时间、选择顺序、购买方式、社交网络、上传的社交图片等,大数据可以追踪,云可以存储。这些数据体现了顾客的需求、动机和购买时机或频率。

第二阶段,可视化分析:在数据世界中,企业需要尽快找出与自身品牌相关的数据轨迹。利用相关技术进行可视化分析与数据挖掘,如离群点检测是数据挖掘技术中一个重要的研究领域,也被称为离群点挖掘。

第三阶段,分析决策。"数据流"就在那里,分析平台也已具备,接下去是要用解决问题的视角,把数据分析产品化、品牌化、商业化。也就是说,任何企业的资源都是有限的,通过数据追踪,找到企业能满足顾客的一部分需求,细化到针尖市场或个体市场,找出需求,开发产品。

6.1.2 分享信息(share)

大数据构建了新的消费者关系和企业共享模式。在移动终端,大数据可能让消费者基于地理位置、基于兴趣、基于行为聚合关系,具有更高的商业价值。还可以随时随地为消费者收集分析身边所有企业数据,让个体消费者与企业更好地互动。

大数据还构建了新的同行业、跨行业企业关系模式,以便更好地服务于利基市场,例如,将相关数据共享到云,为其他行业或企业提供商业数据,以此构建全面消费者兴趣和习惯图谱。再者,企业进行消费者定位后,发现此消费者不属于所服务的对象,可以将其信息存储在云端,等待行业内其他企业进行购买。通过云端的集中管理联结不同企业的数据库,实现数据共享,极大地降低了企业新用户的获取成本和老顾客的维护成本,最小化顾客资本投资,同时增加潜在客户和整体利润。

所以,信息公司、数据公司、物流公司、金融公司等会获得更多关于利基市场的数据,而对这些数据进行复杂的分析之后,可以卖掉与本企业无关的数据获得利润。这是跨行业、跨渠道、跨终端的利基营销信息的整合。

大数据与云获得了巨量的消费者信息，资源的稀缺性使得企业无法满足每个消费者的需求，而大量的信息数据所产生的溢出效应就是可以与其他同行或跨行业的企业共享信息。

因此，大数据构建了新的同行业、跨行业企业关系模式。将数据有偿共享，为其他行业提供商业数据，因为即使在大数据时代，每一个企业对他们的用户的了解也只能是片面的或者单一维度的。通过信息的聚合与共享，可以完善消费者图谱，对顾客需求及顾客特点有更全面的分析。另外，企业进行消费者定位后，发现此消费者不属于所服务的对象，可以将其信息共享，等待行业内其他企业进行购买，以便更好地服务于个体消费者。分享顾客信息和需求是多个终端的消费者偏好数据与营销数据的集中化管理与应用，是跨域、跨渠道、跨终端的利基营销信息的整合。

6.1.3 个性定制（customise）

成功获得利基市场的关键是专业化满足细化顾客或个体顾客的需求，提供个性终端、个性产品、个性服务、个性订单、个性定价。大数据与云帮助企业进行物流、资金流、信息流三流合一的个性定制。

第一，信息流的个性定制。大数据远远超越了简单的销售点数据及其他浅层数据，它是相关分析与因果分析的结合，大数据所涵盖的数据包括单一场景与交叉场景的融合，因为与所有的联结、动机与行为的关联，通过图片、QQ、微信、微博、文本、网页、社交网络，还有传统的交易数据，大数据使他们可以掌握消费者完整的消费图谱、个性、爱好，分析个体此前的行为、正在进行的"实时"行为，预测未来行为；根据消费者的行为和轨迹，推荐适合他个人的信息，这是信息流的个性定制。

第二，资金流的个性定制。定价战略之父汤姆·纳格（Tom Nagle）认为，产品定价应该是一个公司最核心的战略，定价的最终目的是没有统一定价，个性化的定价是定价战略要实现的最终目的，大数据使之成为可能。个性定价的依据是公平与效率同在，比如经常光顾的消费者可以有折扣或优惠券，而光顾的次数是数据自动统计的。同一产品的单个价格完全实现个性化区隔。技术手段已经能够帮助商家实现传统商业环境无法实现的一对一的定价策略。

资金流的个性定制还表现在可以运用多种支付手段：网银、支付宝、余额宝、信用卡、手机、货到付款、第三方付款、POS机等多种支付方式等。

第三，物流的个性定制。消费者可以通过线上订货，线下体验，并由距离较近的传统零售商提供物流,或采用店内物流、小件物流、集团物流等多样化的物流模式。不同的消费者对购买的速度不一样,有些要求快速到达的消费者需要支付额外的费用以保证物流的迅速。这样利用整个物流环节各个渠道的优势和资源,减少物流成本的同时扩大了销售额。

6.1.4 刺激购买(purchase)

刺激购买主要在于关键接触点刺激。

第一,企业找到"关键时刻"与"关键人物"进行刺激。企业把个体客户可能购买的关键"时刻"找到,比如,客户有大额存款到期、升职、加薪、退休,在特殊时刻如纪念日、生日时;把客户可能购买的关键"人物"找到,如父母、儿女、爱人;当这些"客户事件"出现时,系统会发送提示给客户经理,客户经理则有针对性地询问、拜访、提供定制信息给客户,促进其购买。

第二,"定期购"服务。可以根据数据提示,将用户使用产品的速度、频率,定期发送信息提醒购买。

第三,"定期晒"活动。刺激顾客在网络社交媒体(如微信)中晒出自己使用产品的照片并做评论,以此赢得企业的奖励。首先,这符合心理学上的承诺一致原则。当消费者晒出自己与产品的合影,并做正面评价时,就为他的下一次购买或提升企业在消费者心目中的位置打下了基础,因为消费者一般不会轻易否定自己已有的结论和已形成的态度。其次,这对于社交圈中的其他消费者是一个广告和刺激,更是一种口碑和分享。

6.1.5 关系(relation)

利用公司的数据库系统追踪顾客,推送个性产品,刺激顾客购买,并管理与顾客之间的关系。根据顾客需求,努力利用顾客与公司所有的"接触点",营造良好互动关系。将松散关系转化为能产生销售力的直接关系,与消费者形成长期紧密的关系。

CRM(Customer Relationship Marketing)是利用公司的数据库系统追踪顾客,并管理公司与顾客之间的交流互动。CRM应努力利用顾客与公司所有的"接触点"营造良好互动关系。大数据时代,CRM体现在帮助企业建立电子生态环境下的顾客关系管理。

获取个体消费者资料,将松散关系转化为能产生销售力的直接关系,与消费者之间形成长期紧密的关系,如航空客户服务管理系统可以打通客户信息的链条——从订票、购票，到登机后，乘客信息传递到空姐的手持终端，空乘人员清楚知晓 VIP 乘客的个性化需求，甚至可以详细分析乘客的性格，从而可以提供个性贴心服务。

6.2　利基营销的顾客感知价值分析

互联网发展从"广"到"深"，网民生活全面"网络化"。消费者在网上，市场就在网络中。如此巨大的市场如何把握和分析？大数据提供了分析的技术基础。大数据不仅可以获取和分析无限数据，更重要的是获取和分析等量数据的价格也正在显著下降，根据供求原理，价格越低，销量就会越高。使用大数据的组织、企业会越来越多，而不使用大数据的组织则会处于劣势，最终被淘汰出局。因此，在大数据背景下，企业必须变革营销模式与广告模式，利基是大数据背景下符合时代发展的营销模式。下面以顾客感知价值为分析框架来分析利基营销的价值。

菲利浦·科特勒认为：顾客感知价值是指潜在顾客评估一个产品或服务或其他选择方案整体所得利益与所付成本之差。顾客感知利益是顾客从某一特定的产品或服务中，在经济性、功能性和心理性上所期望获得的一组利益的认知货币价值；顾客感知成本是顾客在评估、获利、使用和处理该产品或服务时发生的一组认知成本支出，包括货币成本、时间成本、精力成本和心理成本。如果用 V_1 表示整体顾客利益，用 V_2 表示整体顾客成本，那么 V_1 越大于 V_2，顾客感知价值越高。V_1 等于 V_2，顾客感知价值为零。所以，企业要做的就是提高 V_1（整体顾客利益），降低 V_2（整体顾客成本）。利基使整体顾客感知成本较低，整体顾客感知收益较高，体现在以下几个方面。

6.2.1　追踪(track)降低了顾客感知成本

追踪消费者的接触点，提高整体顾客利益和降低整体顾客成本。追踪接触点包括每位顾客购买的产品项目、电话、银行卡号、咨询、相关人员，以点辐射出相关信息。通过数据挖掘，统计分析，如聚类分析、自动交叉检验、预测建模和人工神经网络等，挖掘其消费需求；再将信息主动传递给个体消费者，降低其搜寻成本，因为有了符合消费需求的产品的主动推送，消费者的"搜寻成本"也就迅速降低；能够让消费者方便地获得有用的购买信息，因降低了整体"搜寻成本"而导致消费效用增加，提高了消费者总剩余。

6.2.2　分享(share)降低了顾客的搜寻成本和心理成本

传播知识的功能,企业将自己的知识、数据快速分享给不同行业,进行交叉营销,分享可以增加数据的认知和实际价值,便于形成不同行业的战略联盟。让更多的企业更好地为消费者服务,进行精准利基营销,一对一的沟通,从而增加顾客整体感知利益,降低顾客整体感知成本。

6.2.3　个性定制(customize)降低了顾客的整体成本,提高了整体利益

风行市场只满足少部分顾客集中而相似的需求,而大部分顾客的分散而不同的需求却因为无从得知或资源有限无法满足。但安德森认为:"长尾比之前更有价值,互联网直接促进需求,从风行向利基转变。"大数据与云帮助企业进行物流、资金流、信息流三流合一的个性定制,可以降低顾客整体搜寻成本,提高顾客整体感知利益。

6.2.4　刺激购买(purchase)降低了顾客的时间成本和精力成本

在适当的时候发送定制的信息进行购买也提高了整体顾客利益。企业找到"关键时刻"与"关键人物"进行刺激。如客户有大额存款到期,升职、加薪或退休、在特殊时刻如纪念日、生日时;再如把客户可能购买的关键"人物"找到——父母、儿女、爱人,当这些"客户事件"出现时,系统会发送提示给顾客推荐需要购买的产品,同时,客户经理可以有针对性地询问、拜访、提供定制信息给客户,促进其购买。"定期购"服务,可以根据数据提示用户使用产品的速度、频率,定期发送信息提醒购买。"定期晒"活动——刺激顾客在网络社交媒体(如微信)中晒出自己使用产品的照片并做评论,以此获得企业的奖励。首先,"定期晒"符合心理学上的承诺一致原则。当消费者晒出自己与产品的合影,并做正面评价时,就为他的下一次购买或提升企业在消费者心目中的位置打下了基础。因为消费者一般不会轻易否定自己已有的结论和已形成的态度。其次,这对于社交圈中的其他消费者是一个广告和刺激,更是一种口碑和分享。"关键接触点"刺激、"定期购""定期晒"都让客户感知到企业对客户的关注和尊重,提高了产品的附加价值,从而提高了顾客的整体感知利益。

6.2.5　关系(relation)提高了整体顾客利益

维护客户关系主要是为了体现顾客价值:第一,获取一个新顾客的成本是保留

老顾客所花费成本的 5 倍;第二,顾客利润率主要来自延长老顾客的生命周期,这主要是因为老顾客会增加购买、向别人推荐、对提高价格不敏感、对降低价格较有弹性。所以,建立与老顾客良好的互动关系非常重要。

6.2.6　利基营销的总体顾客感知满意度分析

顾客感知价值分析还包括总体顾客感知满意度分析和顾客盈利能力分析。

满意是指个体消费者通过对产品的可感知的产品绩效与他期望之间比较后所感觉到的愉悦或失望的程度。如果产品绩效小于产品期望,顾客就不满意;如果产品绩效与期望相匹配,顾客就满意;如果产品绩效超过期望,顾客就满意。期望来自顾客过去的购买体验、营销人员的许诺等,如果将预期定得太高,顾客很可能会失望,如果将期望定得太低,又无法吸引足够的购买者。T(追踪)可以得知消费者的预期绩效和实际绩效,从消费者的购后评价可以很清楚地了解顾客满意度。C(个性定制)通过个性信息定制、个性价格定制、个性物流定制提高个体消费者实际绩效感知,从而提高顾客满意度。再通过 R(关系)提高顾客整体感知满意度。

企业根据消费者购买数据和分析数据统计来自个体顾客的所有收入,并减去成本(产品成本与营销成本)。对每个消费者进行分析后,可以将顾客分为不同的收益群:白金顾客、黄金顾客、黑铁顾客、铅顾客等。通过 T(追踪)了解个体消费者的购买频次、购买接触点、购买习惯,将顾客分为上述四类,对个体消费者的行为进行归因分析,描绘其个性图谱,了解其个性态度,通过发送定制信息,帮助其学习和记忆相关产品或企业信息,改变态度,使黑铁顾客和铅顾客转变为黄金顾客和白金顾客。

安德森的《长尾理论》中,短头就是规模经济,长尾就是范围经济,规模经济就是品种越少,成本越低;范围经济,就是品种越多,成本越低;规模经济通向单一品种大规模生产,范围经济通向小批量多品种;长尾理论其实就是如何从单纯依靠规模经济,逐步转向依靠范围经济。大数据技术的无限存储、无限搜索、追踪定位、交叉互动,联结"云技术",使范围经济成为一种可能并正在进行。但是,大数据的战略意义并不在于掌握多么庞大的数据信息,而在于对这些数据进行利基市场的有意义的专业化处理、在于如何将海量的"数"化为决策的"依据",用视觉化工具勾勒基于大数据的个体或组织消费者画像,基于利基市场的大数据的行业趋势分析,品牌塑造等,为企业、品牌提供更精准的营销解决方案。

6.3　消费行为的"多角色利基性"

6.3.1　不同的购买角色与不同角色的"利基"

消费者行为不是由自己一个人单一决定的,在消费者行为中,有不同角色影响最终的购买和使用,而这些角色有时并不是由同一个人承担的。比如,是购买者却不是使用者,是影响者却不是决策者。如果购买者、使用者、决策者和影响者不是由同一个人承担,那么就有必要对不同的角色进行追踪分析,"过程决策论"认为这些角色都参与和影响了不同的消费阶段,决策者、购买者、影响者影响了购买阶段,使用者影响了使用与处置阶段。"体验论"认为消费者行为是消费者的体验过程,往往是一种感性的行为——消费者是在体验中购买、在体验中消费、在体验中处置。"刺激反应论"认为消费者行为是消费者对刺激的反应,从消费者与刺激的关系中去研究消费者行为。从这几个角度上理解,在决策过程中,营销者要影响的都不仅是决策者,还有使用者、购买者和影响者。因为消费是一个理解、购买、体验、处置的共同过程。"平衡协调论"认为消费者行为是消费者与营销者之间的交换互动行为,是双方均衡的结果[1]。而这个角度体现了营销和广告的有效性主要取决于双方的互动。因此,大数据的信息推送其实不仅应该推送至购买者,还应推送至使用者、决策者和倡议者,并注重与这几类人的互动与关系。

对不同角色的消费者的利基与个性定制也是值得注意的问题。一般来说,不同类型的购买行为角色分为倡议者、影响者、决策者、购买者、使用者。倡议者是首先提出或有意购买某一产品或服务的人;影响者是其看法或建议对最终购买决策具有一定影响的人;决策者是指在是否买、为何买、如何买、哪里买等方面做出部分或全部决定的人;购买者是指实际购买产品或服务的人;使用者是指实际消费或使用产品、服务的人。[2]

消费决策有时不仅由决策者决定,还有使用者、购买者和影响者的参与。在利基营销与追踪中,有必要分析个体在消费过程中所处的角色。例如,有时,追踪的

---

①　卢泰宏,周懿瑾. 消费者行为学—中国消费者透视(第二版)[M]. 北京:中国人民大学出版社,2015.

②　符国群. 消费者行为学(第二版)[M]. 北京:高等教育出版社,2001:4.

是使用者,但购买的决策者却是另有其人,那么,针对使用者所推送的信息便不一定产生购买行为。从传播的角度来看,如果产品能追踪到决策者、影响者、购买者和使用者,并分别进行信息的推送,就等于为产品的购买打开了多方渠道,购买者购买的可能性就更大。因此,无论是在传统媒体时期还是大数据时期,研究不同的产品购买中,这几种角色分别由什么人来承担很有意义。如婴幼儿产品,购买者主要是父母,使用者是婴幼儿,影响者是其他婴幼儿和其他父母,决策者是父母。可见,这类产品要推送和影响的人主要是母亲、父亲和婴幼儿。

6.3.2 不同行为角色"利基"的复杂性

消费者行为受外部环境影响,包括文化、亚文化、价值观、人口统计因素、收入、社会阶层、参照群体与家庭、市场营销活动;受内部影响,包括需要、动机、情绪、知觉、记忆、个性与生活方式、态度等;受情境影响,包括物质环境、时间观念、社会情境、先前状态等;受决策过程的影响,包括问题意识、信息搜寻、评价选择、购买与购后过程等。可见,消费者行为不但受不同的角色的影响(购买者、决策者、影响者、使用者),不同的角色又受不同的内部影响、外部影响、情境影响。虽然大数据具有跟踪定位的功能,但是要找准产品购买使用处置过程中的不同角色并对不同角色进行分别分析,了解其文化、亚文化、价值观、人口统计因素、收入、社会阶层、参照群体与家庭、需要、动机、情绪、知觉、记忆、个性与生活方式、态度、物质环境、时间观念、社会情境、先前状态等仍是一项复杂的工程。

6.3.3 对不同行为角色进行"利基"

6.3.3.1 大数据广告追踪定位的浅表性

事实上,这就要求营销者追踪和定位一张完整的消费者图谱,包括每个消费者的家庭、收入、价值观、需求、阶层、关系、动机、情绪、知觉、个性和生活方式。通过许多的追踪勾勒完整的图谱,深入了解个体消费者,了解在不同产品的购买过程中个体消费者所承担的角色和所起的作用,再适当推送信息并营造关系。从这个角度来看,目前的大数据广告尽管有针对个体的追踪定位功能,但广告追踪的数据较多,所形成的对应有效信息并不多,也就是说,只知道个体消费者何时何地、何去何从、社交关系网的初步勾勒,但对个体行为的动机、情绪、个性和生活方式、价值观的了解并不深入。所以,了解的只是浅表的行为,不能获知具体的行为方式、价值理念、购买动机等内容。

6.3.3.2　不仅寻找相关性,还寻找"因果性"

相关关系的核心是量化两个数据之间的数理关系,相关关系强是指当一个数据值变化时,另一个数据值很可能也会随之变化;相关关系弱是指一个数据值变化时,另一个数据值几乎不会发生变化。但是,相关关系却不能提示事物内部的规律和运作机制。真正能揭示事物规律的是"因果关系"。大数据追踪的内容是关于个体行为心理的方方面面,并力求获知深层次的内容和动机,很多时候,不是知道是什么就够了,还要知道为什么,大数据时代不仅要获得数据之间的相关关系,还要获得数据之间的因果关系。例如,蛋挞与飓风用品的相关性的例子,通过数据监控销售速率、数量及存货,沃尔玛发现每当季节性飓风来临之前,蛋挞的销量也增加了[①],这说明飓风与蛋挞是有相关性的,但为何会有相关性,内部规律怎么样,这是购买的动机,当然需要进一步了解,了解动机的目的是为了更好地挖掘消费者的需求和动机,同时营造产品消费情境或寻找能满足相同需求的替代品。

6.3.4　不同角色消费者选择的或然率

美国传播学者施拉姆在 20 世纪 50 年代就针对受众对大众传播节目选择的决定性而提出了一个公式,该公式为:选择的或然率＝报偿的保证/费力的程度,公式中的"报偿的保证"指传播内容满足选择者的需要的程度;而"费力的程度"则指得到这则内容和使用传播途径的难易状况。

这个公式放在消费者对商品的选择上同样也是成立的。报偿越大,费力程度越低,选择某商品的可能性越大。报偿越低,费力程度越高,选择某商品的可能性越小。而报偿由哪些因素决定或影响呢？在消费者的商品选择中,不同角色有不同的报偿选择内容和不同的费力程度。

对于使用者来说,使用的报偿主要指商品所带来的使用价值,使用价值包括有形价值与无形价值,有形价值主要指商品的功能、价值;无形价值主要指商品给消费者带来的服务、附加价值(如给使用者带来的社会地位与身份等)。使用者看重的是商品所蕴含的有形价值或无形价值。再就是使用者使用产品时的费力程度。如果产品简单易用,则费力程度低,而使用价值高,即报偿高,则使用者选择的可能性就高;如果产品复杂难用,则费力程度低,而使用价值又不高,即报偿不高,则使用者选择使用的可能性就低。所以,使用者是否会选择产品使用取决于产品所产

---

① [英]维克托·迈尔-舍恩伯格,肯尼思·库克耶. 大数据时代[M]. 盛杨燕,周涛,译. 杭州:浙江人民出版社,2013:73.

生的报偿(有形价值和无形价值)与费力程度(使用的难易程度)之间的比值。从经济学的角度,使用者考虑使用该产品的机会成本,机会成本是为了得到这种东西所放弃的东西,对于使用者而言,就是为了得到某种商品而放弃的其他东西,如相同的时间和空间资源可以使用一个苹果手机,也可以使用一个三星手机,如果选择了苹果手机,就放弃了使用三星手机,如果选择了三星手机就放弃了苹果手机。那么三星手机的机会成本就是苹果手机,苹果手机的机会成本也就是三星手机。利用机会成本概念进行使用者选择分析的前提条件是:第一,空间、时间资源是稀缺的。使用者使用产品的时间资源和空间资源是稀缺的。第二,空间、时间资源具有多种用途。相同的时间和空间资源即可以用来买三星手机,也可以用来买苹果手机。使用机会成本的概念可以比较准确地反映——从社会观点看,把有限的空间和时间资源用于使用某种产品的代价,从而促使人们比较合理地选择使用哪种产品。

对于购买者来说:在购买者与使用者不是同一个人的情况下,购买的报偿指购买所获得的人际功能,包括沟通功能、养育功能等。而费力的程度主要指购买此产品所花费的时间成本、经济成本和精神成本。购买者是否会购买商品也取决定于产品所产生的报偿(人际功能)与费力程度(时间成本、经济成本和精神成本)的比值。若购买此产品能帮助使用者或与使用者建立更好的关系,即人际功能高,而购买的费力程度(时间成本、经济成本和精神成本)又比较低的话,则购买的可能性增加,反之,购买的可能性降低。对于购买者来说,也会考虑购买该产品的机会成本。购买者的机会成本就是为了购买某种产品而放弃的其他产品。如5000元可以买一个苹果手机,也可以买一个苹果电脑,如果买了苹果手机,则机会成本是一台苹果电脑所产生的人际功能;如果买了苹果电脑,则机会成本是一个苹果手机所产生的人际功能。

对于影响者来说:在使用者、购买者和影响者都不是同一个人的情况下,影响的报偿指人际功能,如为营造良好关系等。影响者为使用者或购买者提供建议和意见,而其所提供的建议和意见会影响使用者使用或购买者购买。而影响的形式有两种,一种是有意影响,如建立良好关系,一种是无意影响,如无意中的影响。影响者是否选择影响和影响的程度:报偿/费力的程度。影响者虽衡量报偿和费力程度,选择影响购买者或使用者,或不影响使用者和购买者。还有一种情况不符合此公式——无意中的影响,如某女穿某品牌服装好看,影响路人,产生购买。在这样的案例中,某女虽影响了路人购买,但并无报偿,也未费力。这是一种外部性,外部性又称为溢出效应、外部影响或外差效应,指一个人或一群人的行动和决策使另一个人或一群人受损或受益的情况。

对于决策者来说：决策者一般由使用者、购买者或影响者其中之一承担。

既然消费行为由多种角色共同决定，则个性定制不能只推送到使用者一人或购买者一人那里，应该对使用者、购买者进行主要的定位和追踪，了解使用者的使用需求和购买者的购买需求，生产能满足使用者需求的产品，再对使用者、购买者和可能产生作用的影响者进行个性定制信息的分别推送。也就是说，整个消费过程是一个系统，包括购买、使用、处置和影响的过程，必须了解不同角色在其中所起的不同作用，分别沟通，如果有一个角色的信息推送效果不好，则购买或使用会出现问题。

6.3.5　行为主义学习理论在广告中的运用

学习是因经验而使行为或行为潜势产生较为持久改变的历程。

归结起来，学习理论主要有四种：行为主义学习理论、认知学习理论、人本主义学习理论、建构主义学习理论。笔者以为，在消费者对于广告的学习过程中，可以利用三种学习理论使学习产生较好的效果，即行为主义学习理论、认知学习理论和人本主义学习理论。

本书主要介绍行为主义学习理论在广告中的运用。行为主义学习理论，又称习惯主义学习理论，它的代表人物是桑代克、斯金纳等，以经典条件反射理论和操作性条件反射理论为代表。行为主义认为：学习是刺激与反应的联结，通过学习建立起无条件刺激与条件刺激的关系。因而无条件刺激所产生的反应在条件刺激的作用下也能产生相类似或相同的反应，这就是经典条件反射理论。而在持续地刺激，建立无条件刺激与条件刺激的关系，建立条件刺激与条件反应之间的联结的强化训练后，便形成了一种习惯，即一出现某种刺激，就会产生某种反应。也就是说，强化了刺激与反应之间的联结，这就是操作性条件反射理论。总之，行为主义学习理论认为：①学习建立了无条件刺激与条件刺激之间的关系，建立了条件刺激与条件反应的联结；②学习是一个循序渐进的过程，是一个习惯养成的过程；③强化是学习的主要过程，通过强化建立刺激与反应的联结，形成习惯。

(1)经典条件反射理论的运用及策略。行为主义学习理论中的经典条件反射理论可以运用到广告中。例如一则席梦思床垫的平面广告：一个看上去很柔软的女人穿着舒适的睡衣很享受地躺在一张席梦思床上。文案：五星级的舒适享受。这则广告看上去很简单，其实运用了行为主义学习理论中的经典条件反射理论。经典条件反射理论是俄国生理学家伊万·巴甫洛夫提出的，该理论认为，借助于某种刺激与某一反应之间的已有联系，经由练习可以建立起另一种中性刺激与同样反应之间的联系。例如,狗看到食物会分泌唾液,这是无条件刺激(食物)所引发的无条件反应(分泌唾液)。其中,食物是无条件刺激,分泌唾液是无条件反应。于是,在每次送食物之前,都要响半分钟的铃声,结果发现,铃声这一原来只能引起一般性注意,不能诱发狗的唾液分泌的中性刺激,由于多次与食物匹配,即使后来单独呈现,也会引发狗的唾液分泌。这里铃声就是条件刺激,分泌唾液就是条件反应。也就是经练习建立了无条件刺激(食物)与条件刺激(铃声)之间的关系,产生了条件刺激(铃声)与条件反应(分泌唾液)之间的联结。而广告中,无条件刺激是穿着睡衣的柔软的女人,在这种刺激下,令人联想到"舒适","舒适"就是无条件反应。由无条件刺激(穿着睡衣的柔软女人)所产生的无条件反应(感觉舒适)是人的共性或本能。

这个令人感觉舒适的穿着睡衣的柔软女人躺在床上,就建立了女人与床垫的关系,产生了床垫与感觉舒适的联结,也就是建立了无条件刺激(女人)与条件刺激(床垫)的联系,产生了条件刺激(床垫)与条件反应(舒适)之间的联结。笔者以为,在广告中运用经典条件反射理论要注意以下两点策略:第一,无条件刺激与无条件反应的联系应该是人的本能或共性。如一看到枪就很恐惧,一看到波斯猫就感觉很柔软,一看到蓝天碧水就感觉很放松。这些都是人的本能或共性,无须学习,并且容易产生共鸣。第二,无条件刺激与条件刺激之间的联系应该简洁,易理解。如把几根香烟拼成一把手枪,在枪口写上文字"请远离它",烟与枪就建立了联系,枪使人恐惧,烟也就使人有了恐惧感;把波斯猫放在沙发上,波斯猫让人感觉柔软,沙发与波斯猫建立了联系,沙发也有了柔软感;把度假村放在蓝天碧水之间,蓝天碧水让人感觉放松,度假村也让消费者有了这种感觉。

(2)操作性条件反射理论的运用及策略。行为主义学习理论中的操作性条件反射理论也可以运用到广告中。

操作性条件反射理论的基本观点是"强化可以加强刺激与反应之间的联结"。老鼠在每次触动杠杆都能获得食物之后,形成了一种习惯,一饿了就去触动杠杆。这个实验中,杠杆是强化物,通过触动杠杆就能获得食物。因此,在营销活动中,奖券、折扣和促销活动都可成为强化物,加强消费者对于品牌的购买,进而形成好感。通过不间断地发送样品,提供奖券,给予折扣,鼓励消费者对产品进行试用,给以强化刺激。问候或感谢信也是有效的强化物。

笔者以为,在营销活动中运用操作性条件反射的策略有以下几点:第一,使用奖券、折扣、赠品、感谢问候信、回访电话等有效的强化物让消费者试用产品,再通过进一步的刺激形成好感,最后形成重复购买甚至忠诚购买。久而久之,一要吃快餐就想到麦当劳,一要快递就想到 UPS,一要相机就想到索尼,一去超市就想到沃尔玛,一到便利店就想到 7 - ELEVEN。第二,强化物的频率和时段也很重要。金伯尔的研究发现,如果给予连续强化,即在每次正确反应后就给予强化物,个体对正确反应的学习速度很快。但强化物不再呈现或中止强化时,正确反应的消退速度也很快;相反,如果强化物是间断性的或部分的,即不是对所有正确反应而只是对部分正确反应予以强化时,虽然最初对正确反应的学习速度较慢,但在强化物消失后,行为消退的速度也较慢。因此,应该根据人们的记忆和遗忘规律来设计强化物出现的频率和时间。总之,大部分广告作品和广告活动中都有效地运用了经典条件反射和操作性条件反射理论。消费者对于广告的接触和产品信息的接触有很大一部分都是行为主义学习的过程。

7 大数据时代企业广告营销模型的重构

　　利基营销是大数据环境下企业的基本营销,也是大数据环境下广告营销的关键,从整个企业——消费者所建立的广告营销系统来看,大数据环境的追踪定位和一一对应的信息推送技术也使整个系统不断简化。本章分析大数据环境下消费者购买阶段的变化,从而分析企业广告营销模型的变革。

7.1 传统互联网到大数据时代:"熵减"与"负熵"

　　人类对科学世界及社会世界的认识是从"不确定性"到"确定性"的过程。爱因斯坦认为"熵理论对整个科学来说是第一法则"。信息熵作为热力熵和统计熵的推广,适用范围更广,已从通信系统延伸到生命科学、信息科学、经济学和社会学等领域。人类可以利用信息熵的思想研究复杂系统的演进,利用信息论中的模型和算法研究复杂系统的表达,可以说,信息熵和信息论的思想可以用来描述和刻画整个世界的发展和演化。[①] 本章以信息熵理论的核心思想建构大数据复杂系统中的企业营销模型。

　　"熵"概念是 1865 年由克劳修斯引入的,标志了热力学过程中热量转化为功的程度,是热力学中不可用能量的描述。[②] 玻尔兹曼对热力学中的熵进行了丰富和延伸,认为"熵"的核心概念是"混乱和无序",是系统中混乱的程度,越混乱,熵越大。[③] "熵减"是指混乱程度的减少、有序程度的增加。信息论之父申农(C. E. Shannon)首次将熵的概念引入到信息论中,提出"信息熵"的概念。[④] 熵是信

---

① 鲍际刚,等. 信息熵经济学——人类发展之路[M]. 北京:经济科学出版社,2013:7.
② 鲍际刚,等. 信息熵经济学——人类发展之路[M]. 北京:经济科学出版社,2013:10.
③ 苑娟,万焱. 熵理论及其应用[J]. 中国西部科技,2011(10).
④ C. E. Shannon. A Mathematical Theory of Communications[J]. The Bell System Technical Journal, July, October,1948.

息系统中不确定性或无序状态的量度,是指信息的混乱程度,系统有序程度越高,熵值就越小;无序程度越高,熵值则越大。① 信息表示的是体系内的有序性、组织结构性、特异性或发展程度,是与熵对立的。所以,信息就是负熵。传统互联网时代,消费者海量购买信息的搜索也带来了海量信息的冗余,大量信息既无用也无价值,信息熵不断增加。大数据时代,追踪定位功能下的企业推送式信息推送的是对消费者有价值的信息,增加了消费者购买过程中的确定性,大大节省了消费者的搜索成本和搜索时间;节省了企业的细分成本和定位时间,是一个"熵减"的过程。

传统的网络对消费者和企业而言都存在着很高的熵值(信息的不确定性)。对消费者而言,消费者购买产品要在网络海量信息中搜索(即使输入关键词,也有上万条信息)如同大海捞针,大量无价值的信息降低了消费者的搜索效率,增加了搜索成本;对企业而言,细分市场、分析和定位消费者也花费了企业大量的时间和成本。这些熵值主要表现在"信息的无序、紊乱""信息的冗余""有效信息量减少"等多个方面。大数据时代,追踪定位功能下的企业推送式信息大大节省了消费者的搜索成本和搜索时间;节省了企业的细分成本和定位时间。对消费者来说,推送式信息极大地满足了需求,推送式信息的价值提高,有序性增加,熵在降低;对企业来说,追踪定位功能使企业的信息推送更精准,确定性、有序性提高,熵也在降低。本章以熵理论为分析框架,以"购买的五阶段模型"为分析对象,思考大数据时代企业营销模型的建构——TPWKR。

7.2 大数据环境企业广告营销模型的建构——TPWKR

传统营销研究者开发了一个购买决策过程的"阶段模型",认为消费者会经历五个阶段:问题认知、信息搜索、方案评估、购买决策和购后行为。② 大数据时代"购买的五阶段模型"发生着重构——"被追踪""接收推送信息""推送信息的比较与选择""购买决策""购后行为"。消费者的购买五阶段模型发生了转变,如图7-1所示。企业营销的核心和基础是消费者购买过程,因此企业营销模型也由"传统五阶段营销模型"转变为"大数据五阶段营销模型",如图7-2所示。本书提出大数据环境下企业营销的五阶段模型 TPWKR——T(Track consumer)"追踪消费者"、

① 鲍际刚,等. 信息熵经济学[M]. 北京:经济科学出版社,2013:44.
② 菲利浦·科特勒. 营销管理[M]. 王永贵等,译. 上海:格致出版社,2009:21.

P(Push customized information)"推送定制信息"、W(Word-of-mouth sharing)"口碑广告"、K(Key-point simulation)"关键点刺激"、R(Relation and communication)"关系与沟通"。

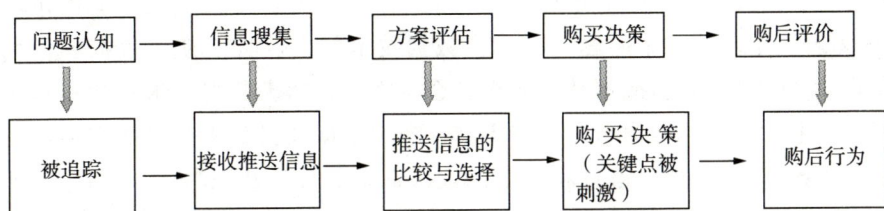

图 7-1　传统购买五阶段模型向大数据环境购买的五阶段模型转变

从传统营销阶段到大数据营销阶段,信息由被海量搜索到个性定制推送,信息的混沌性、无序性、不确定性在减少,而信息的有序性、确定性、清晰度在不断提高。TPWKR 企业营销模型可以更好地降低熵,提高负熵。企业营销的效率和消费者的搜索购买效率都在不断提高,整个购买系统由于有序性、确定性,即负熵(信息)的不断注入,成本在减少,效率在提高。为论证更清晰,下面分五步进行讨论。

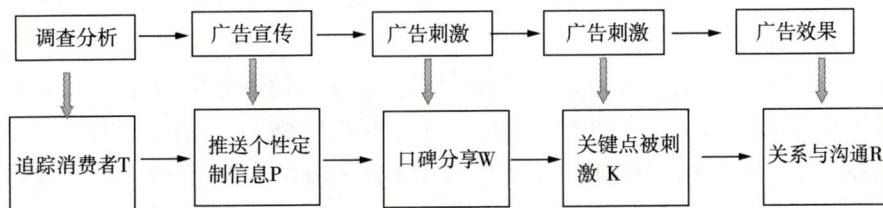

图 7-2　传统营销五阶段模型向大数据环境营销的五阶段模型转变

7.2.1　追踪消费者(track consumer)

大数据技术使传统的"购买的五阶段模型"中"问题认知"变为"被追踪",消费者需求可以被"追踪定位",这个过程中,与个体消费者无关的信息被过滤,企业获得的消费者信息更精准,初始的系统稳定和平衡状态被打破,系统开始有一种动力(来自企业)偏离于初始平衡状态。熵在减少,负熵(信息)在增加。此时,企业营销传统的第一步由"调查分析"发展为"追踪消费者"。

大数据环境下"细分市场"的最终层次是个体细分:个体消费者作为一个独立的市场被追踪、被定位。传统市场营销中,进行市场细分的假设是人们的需求并不会完全相同。但传统营销中,要获知每个人的需求,存在以下几方面问题:

第一，进行调研的成本和代价太大；第二，即使获知每个人的需求，由于企业资源有限也无法一一满足；第三，这么庞大的历史整体数据在非大数据时代很难完整地保存下来。故传统市场中，市场细分满足的只是具有相类似需求的一部分消费者的需求。大数据时代的市场细分几乎可以追踪并满足所有人所有的市场需求，因为解决了以下几个问题：第一，大数据技术的广泛普及使大数据的使用成本降低，根据价格理论，成本越低需求就会越大；第二，大数据的追踪定位技术可以获知每个人不同的种类繁多的需求；第三，大数据和云技术可以储存海量的用户信息和数据、分析用户信息和数据；第四，企业资源有限，不能一一满足消费者所有的需求，但通过云共享，可以将数据转让或出售给其他的企业，整合资源，进一步满足消费者需求。

因而，大数据时代，市场可以细分再细分，直到细分至个体消费者。互联网的伟大在于它开发了微观市场领域；大数据的伟大之处在于它开发了个体市场。

市场细分的最终层次是个体营销，是"细分到个人""定制营销"或"一对一营销"。[①] 而现在，正逐步进入这一营销时代。

传统消费者购买的五阶段模型第一步是"问题的认知"。问题的认知是指消费者意识到生理或心理的匮乏状态，进而产生一定的需求。需求可以由内在刺激（如生理需要）引起，也可由外在刺激（如广告）引起。在传统营销时代，消费者的问题认知要靠市场调查，采取问题分析、观察、访谈、投射等调查方法和技术，对消费者分析而获得，但有时消费者并不愿意说出自己的需求或消费者自己也没有意识到有某种需求。也就是说，传统营销时代，企业无法准确获知消费者的需求。大数据环境下，依靠追踪定位技术，企业在网络中不仅存储了它的搜索结果中出现的网络连接，还会储存所有人搜索关键词的行为，它能够精准地记录人们进行搜索行为的时间、内容和方式。追踪和记录每个个体消费者的需求和购买动机、购买时机等，勾勒完整的消费者图谱。理论与数据追踪、挖掘相结合，洞察消费者的显性需求和隐性需求，个性定制，进一步推送消费者需要的产品或服务。大数据的追踪和定位技术可以帮助消费者问题认知，主动推送与消费者原有观点相符的信息和需求。因此，追踪消费者需求代替了传统"营销五阶段模型"中的"调查分析"。T（Track）追踪是指——企业追踪消费者问题，主动推送能满足消费者需求的相关产品和信息。图7-3为传统购买与大数据购买五阶段模型第一步——变化及企业对应营销模型变化。

---

① 菲利浦·科特勒. 营销管理[M]. 王永贵等，译. 上海：格致出版社，2009.

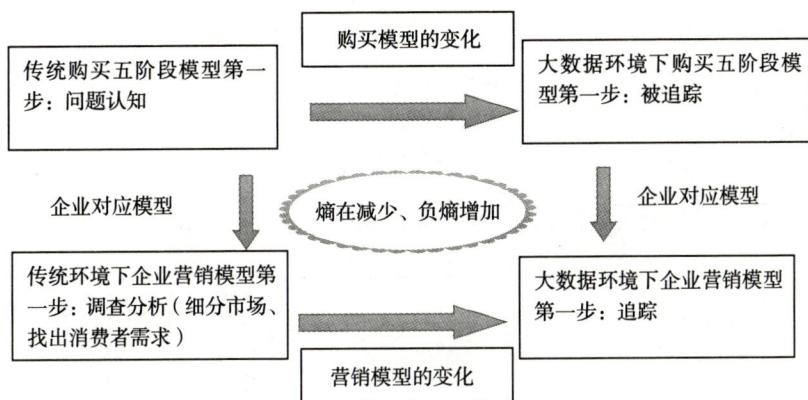

图 7-3 传统购买与大数据购买五阶段模型第一步——变化及企业对应营销模型变化

7.2.2 推送定制信息(push customized information)

大数据环境下,购买五阶段模型第二步由传统的"信息搜集"变为大数据环境下"个性定制信息被推送"。营销模型第二步由传统的"广告宣传"变为大数据"消费者分析与推送个性定制信息"。整个过程中,信息的有序推送、定制推送极大地减少了消费者的搜索成本,提高了效益和效率,购买系统更有序,熵继续减少,负熵继续增加。

消费者不再进行海量信息搜集,大数据主动推送其需要的有用信息,并优化组合购买策略。节省了消费者的时间成本和精力成本。大数据环境企业营销第二步"信息推送"分成四个步骤:第一,建立顾客数据库;第二,数据的可视化分析;第三,可视化分析的决策;第四步,个性定制与推送。传统互联网时代,消费者可以任意搜索所需要的信息,信息越多,越有助于消除不确定性,信息的透明性可以帮助消费者做出最优选择。但海量信息也带来海量冗余,消费者搜索一条或几条有价值的信息需要极大的时间成本和精神成本。信息熵较高,信息混乱程度较大。而大数据互联网时代,消费者接受企业量身定做的定制信息,只需在有限的推送式信息中做出选择,信息混乱程度较低,企业发送给消费者的信息呈现一一对应的有序对应状态,而消费者浏览的页面和产品也是根据其购买轨迹选择出的优化项目,使用价值较高,因此,大数据网络中信息熵较低,信息有序程度较高。图 7-4 为传统购买与大数据购买五阶段模型第二步——变化及企业对应营销模型变化。

(1)建立数据库进行数据分析:如注册、登录(包括以 QQ 登录、以手机号登录、以微信号登录、邮箱登录等)、评价产品、登录时间、间隔时间、选择顺序、购买方式、

125

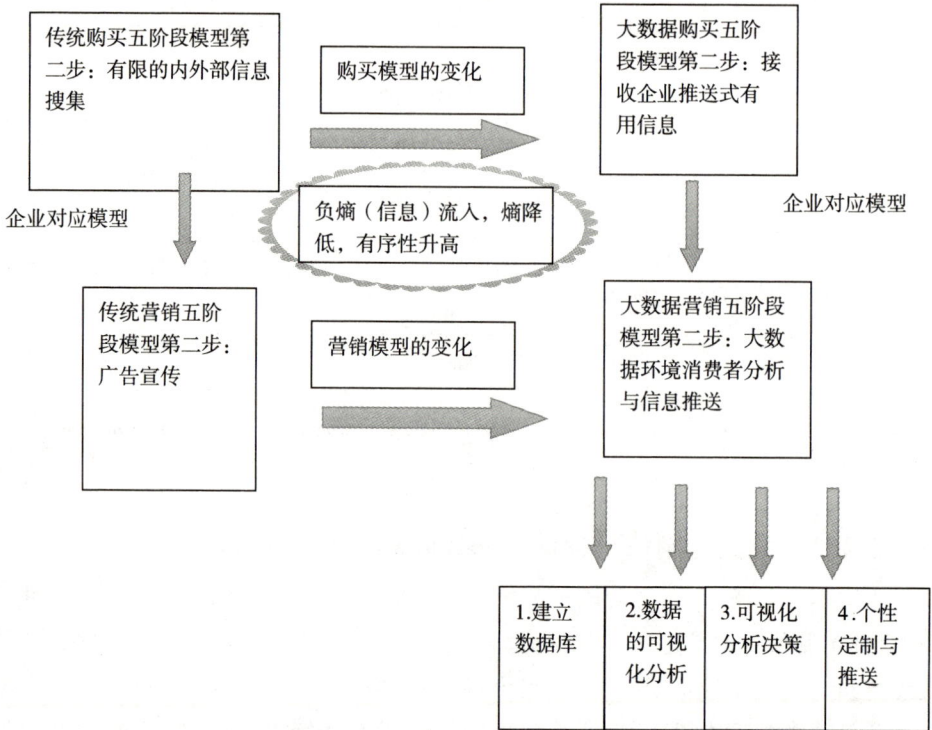

图 7-4 传统购买与大数据购买五阶段模型第二步——变化及企业对应营销模型变化

社交网络、上传的社交图片等数据。云端可以无限容纳这些数据。用相关软件进行可视化分析。

（2）分析决策：数据分析师和相关营销人员将分析转换成决策，市场化、产品化、品牌化、商业化。

（3）个性定制与信息推送：将个性定制信息推送给个体消费者，另外，企业将跟踪到的本企业并不需用的信息，分享给其他的行业或企业。

7.2.3 口碑分享(word-of-mouth sharing)

此时系统已远离平衡状态，需要继续注入负熵（信息），以动力促使其达到新的平衡和稳定。于是，传统购买五阶段模型的第三步"方案评估"即"消费者比较与选择"转变为"推送产品的有限选择"，传统营销模型的第三步"广告刺激"转变为"口碑分享"(word-of-mouth sharing)。图 7-5 为传统购买与大数据购买五阶段模型第三步——变化及企业对应营销模型变化。

```
┌─────────────────┐   ┌──────────────┐   ┌─────────────────┐
│传统购买五阶段模型第│   │ 购买模型的变化 │   │大数据购买五阶段  │
│三步：方案评估    │   └──────────────┘   │模型第三步：被推  │
│                 │        ═══►         │送产品有限选择    │
└─────────────────┘                     └─────────────────┘
```

企业对应模型   （熵在减少、负熵增加）   企业对应模型

```
┌─────────────────┐   ┌──────────────┐   ┌─────────────────┐
│传统营销五阶段    │   │ 营销模型的变化 │   │大数据营销五阶段  │
│模型第三步：广    │   └──────────────┘   │模型第三步：口碑广│
│告刺激           │        ═══►         │告               │
└─────────────────┘                     └─────────────────┘
                                         ┌──────┐  ┌──────┐
                                         │1.建立 │  │2.信息 │
                                         │网络关系│  │与分享 │
                                         └──────┘  └──────┘
```

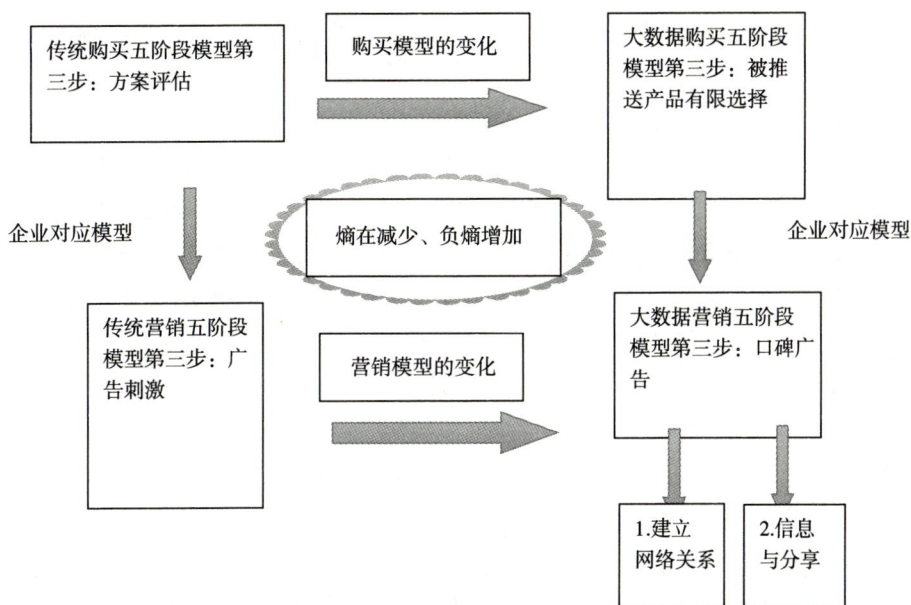

图 7-5 传统购买与大数据购买五阶段模型第三步——变化及企业对应营销模型变化

此阶段,消费者比较与选择的范围缩小,继续节省时间成本和精神成本。消费者在这个阶段主要是优化组合策略,选择他认为最有价值的产品。在有限信息的挑选过程中,口碑广告是最主要的广告形式,前面购买的消费者对产品的评价成为影响和引导其购买的最主要的广告,原因在于:

(1)系统中局部的联系用网络来刻画,局部相当于网络节点,复杂系统和复杂网络的本质是相同的,节点之间的边是构建网络的成本,依赖于系统外负熵的持续流入,是有边界的,好的网络结构有三个特征:第一,节点数目多,且没有孤立的节点;第二,边的数目随节点数目 N 的增加而以近似 NLOGN 的速度增加;第三,建立新边的成本低廉;这样的网络具有良好的连通性。[1] 良好的连通性使网络具有效率和稳定性。网络社区中的口碑传播与口碑广告使网络用无数个中心节点、许多个拓扑关系结构以增加连通性和稳定性,提高了网络运行的效率,增加了信息的确定性、互补性和透明性,网络中建立新关系的成本低廉也减少了能量消耗,熵在减少,负熵在增加。

(2)网络口碑是传统口头媒体与新媒体的联结。信息获取的多种渠道使信息更公开、更透明,确定性也更强,系统中的熵在不断降低。口碑分享运用的是大数据中

---

① 鲍际刚,等.信息熵经济学——人类发展之路[M].北京:经济科学出版社,2013:21.

Web2.0"可读可写可交互"的信息处理和技术优势。媒介的发展过程也是熵不断降低的一个历史进程,新的媒介之所以出现,从信息熵的角度来解读在于新媒介传播信息的确定性更强、互动性更强、有用性和价值更大。也就是说,媒介的发展过程之所以经历了口头媒介、印刷媒介、电波媒介、Web1.0时代、Web2.0时代、大数据时代,是因为信息的混乱和无序性、不确定性在降低,信息由混沌变有序、由模糊变清晰,熵不断降低,信息的有序、确定性在不断增加。口头媒介时代,信息的确定性与发音和声音有关,口语常易造成误听误解,信息的确定性不够强,熵较高;印刷媒介时代,铅字印刷较口语有更强的确定性,熵降低;电波媒介时代,视听兼备的媒体进一步提高了信息传播的确定性,熵再次降低;而Web1.0时代,人们通过海量信息搜索,可以获得更多想要的信息,较电波媒体时代的信息熵又降低了,Web2.0时代,人们除了可以通过口头媒体、印刷媒体、电波媒体、Web1.0网络多方位、多渠道地接收和搜索信息外,还可以通过Web2.0"可读可写可交互"的技术与社交网络中的个体进行信息互动,再一次透明了信息,降低了熵。大数据时代,Web3.0的精准定位使个体不仅可以通过上述媒介接收和搜索信息,还可在此基础上接收企业的个体定制推送式信息,系统变得更有序,熵降得很低。在大数据环境中,口碑分享能使社交媒体和网络中的信息更有序地互动排列、消除不确定性。

(3)口碑分享是渗透力最强的人际传播形式,也是大数据环境中Web2.0可读可写可交互的参与式体现。在大数据环境中,能使信息更有序排列、更消除不确定性、传播力更强的彰显价值的广告都可以存在,不同形式的广告并存,是为了共同降低熵、增加负熵,体现自身广告的价值。

所以,传统购买五阶段模型的第三步"方案评估"即"消费者比较与选择"转变为消费者对"推送产品的有限选择",在对"推送产品"进行选择时,消费者主要依据网络评论与口碑传播。这也是Web2.0技术特性下"可读可写可交互"广告与大数据追踪式广告互补和并存的体现。因此,传统营销模型的第三步也由"广告刺激"转变为"口碑分享"。口碑分享包括"建立关系"和"互信息与分享"。

7.2.4 购买关键点刺激(key-point of simulation)

传统购买五阶段模型的第四步"购买决策",大数据环境下消费者的购买决策大多在线上完成,营销模型由传统的"广告刺激"转变为"关键点刺激"(key-point simulation),此时,消费者内心购买动力越来越强,系统离平衡状态越来越远,在这个过程中,系统继续流入负熵(关键点刺激信息),以求产生购买行为,系统达到新的平衡和稳定(最大熵),如图7-6所示。

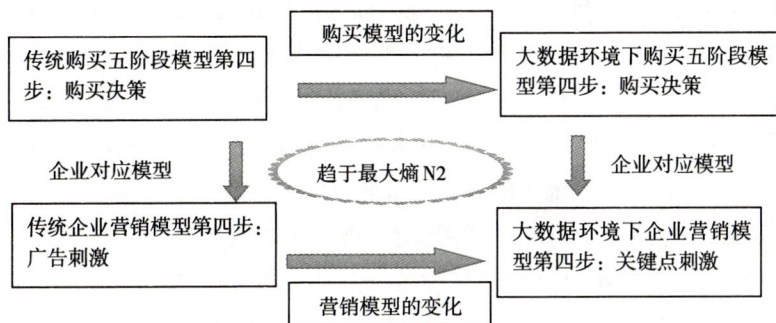

图 7-6 传统购买与大数据购买五阶段模型第四步——变化及企业对应营销模型变化

最大熵 N_1 是指均匀分布对应于各部分表现出的系统各部分完全平等,系统不再演变,稳定性最强。[①] 而最大熵是一种特殊情况,只要系统中各部分表现出差异和不平等、不平衡,系统就朝无差别、平等的方向演进,直到再次稳定和平衡(趋于最大熵 N_2)。

经过"追踪消费者""个性定制信息推送""口碑分享"三个阶段,个体消费者已产生极大的内心焦虑与不平衡,即仍没有获得产品满足需求,心理学上称为认知失调。认知失调论是由费斯廷格于 1957 年提出,费斯廷格认为,任何人都有许多认知因素,这些认知因素之间存在三种关系:第一,相互一致和协调;第二,相互冲突和不协调;第三,相互无关。当两个认知因素处于第二种情况,即相互冲突和不协调时,消费者就会不由自主地减少这种矛盾和冲突,力求恢复和保持认知因素之间的相对平衡和一致。[②] 企业的推送式信息和口碑分享对于不急于使用产品的消费者而言,不一定会马上产生购买行为,虽然消费者已产生内心的不平衡,但相互冲突和不平衡仍在可承受的范围之内。此时,需要有一个或多个关键点刺激。加大个体内心的焦虑,深化内心精神或心理的匮乏状态,加大不平衡,迫使产生对个性推送式产品的需求。通过一个或多个关键点刺激到一定的程度之后,即产生购买决策。

负熵的输入必须以物质、能量为载体,按照信息就是负熵这一认识,如将人们的知识(信息)充当负熵,向一个开放系统只输入这种认识信息,系统就可以向有序化方向发展。[③] 同时,只有将信息(负熵)载荷到相应的物质载体上去,我们才能得到进化

① 鲍际刚. 信息熵经济学——人类发展之路[M]. 北京:经济科学出版社,2013.

② 符国群. 消费者行为学[M]. 北京:高等教育出版社,2010.

③ 李德虎,杨东化. 负熵是什么[J]. 自然杂志,1990(13).

了的具有特定功能的新的物质系统。[①] 在前面三个阶段的营销中,第一步(追踪)、第二步(信息推送)、第三步(口碑广告)在系统中不断地输入负熵(信息),整个系统在能量的推动下偏离于最大熵 N_1(初始的稳定状态),动力越来越强,信息越来越清晰,越来越透明,系统也迫切需要达到新的稳定和平衡,此时,只有继续输入负熵(关键点刺激信息),产生购买行为,系统才能再次达到平衡和稳定(最大熵 N_2)。

从信息论的角度来看,在未对随机变量进行预测前,随机变量的熵最大,也就是未产生追踪、信息推送、口碑分享广告的原始系统是最大熵 N_1,我们对随机变量进行预测和引导,就是要试图降低该随机变量的熵。当引入确定信息时,就可以降低随机变量的熵。信息论中最大熵原理的实质就是预测时引入的信息是真正确定的先验知识,在网络购买系统中最大熵原理的实质就是不断进行追踪、有用信息推送、口碑分享并进行关键点刺激,使信息更为有序、清晰。

关键点刺激包括:企业找到"关键时刻"与"关键人物"进行刺激;"定期购"服务,可以根据数据提示,用户使用产品的速度、频率,定期发送信息提醒购买;"定期晒"活动,刺激顾客在网络社交媒体(如微信)中晒出自己使用产品的照片并做评论,以此获得企业的奖励。这是一种间接的号召与刺激。

7.2.5　关系与沟通(relation and communication)

在"关键点刺激"阶段,消费者已形成购买决策,动力变小,系统趋于稳定(消费者内心不再因没有产品满足需求而焦虑,企业营销目标初步达到,不再输入动力),但系统是开放的,为避免消费者出现购后失衡,也为了下一次继续新一轮的负熵流入,企业需要对消费者进行购后满意的追踪和良好关系的维护。此时,传统购买五阶段模型第五步消费者"购后行为"变为"购后信息分享",营销模型由传统的"广告效果评估"转变为"关系与沟通",如图 7-7 所示。

"关系与沟通"主要在于继续追踪消费者的购后行为,获得关于消费者的更多、更确定的信息,维护良好关系。归信息化是指在物质、能量等负熵稀缺的限制条件下,实现更节约能源、更节约物质、更节约保护空间、更高效率的理想生产组织方式。[②] 我们在追踪消费者的购后行为,与消费者进一步沟通时,主要采用社交媒体,进行私人传播和追踪。QQ、微信、社交论坛等对物质、能量的消耗极少,信息价值占比却极高,已经实现了人人免费的理想状态,这也是负熵流入系统的主要方

---

① 张继国,[美]维杰·P. 辛格. 信息熵——理论与应用[M]. 北京:中国水利水电出版社,2002.
② 鲍际刚. 信息熵经济学——人类发展之路[M]. 北京:经济科学出版社,2013.

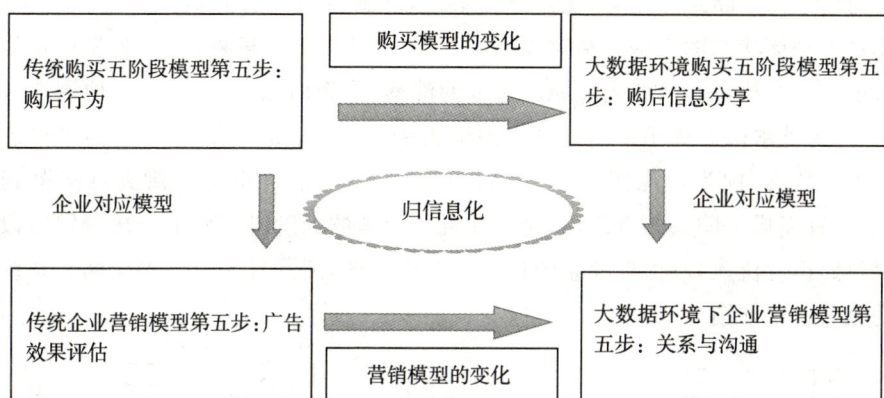

图 7-7 传统购买与大数据购买五阶段模型第五步——变化及企业对应营销模型变化

式。使用 QQ、微信、微博、社交论坛等,有助于提高信息的确定性(负熵量的增大),有利于营造与消费者的良好关系,成为其在推送信息后最可靠的选择。

商品的价值可以分为物质、能量、时间、空间和信息五个维度,其中信息是"王者",物质承载信息,能量推动信息流动,时间、空间是信息的标度。[①] 在大数据购买系统中,"物质"是网络媒介,"能量"是企业的推送与消费者的需求,"时间空间"是信息推送的时间和空间。消费者产生购买行为后,系统达到初步和暂时稳定和平衡。但系统是开放的,系统要继续与外界环境进行能量流、物质流和信息流的交换,企业要进行新的追踪、推送、口碑分享、关键点刺激,再次引起消费者的消费欲望,继而产生新的需求,使系统再次偏离有序和稳定结构。维持与客户良好的关系也是熵减的过程,让消费者了解企业、认识产品,进行一对一的私人传播,在关系与沟通中,可以建构一种面向客户服务客户的自适应客户定制平台,建立自适应客户定制平台的功能体系和结构,通过对客户交互信息进行知识解析,数据挖掘[②],以进一步营造良好互动关系。

TPWKR 企业营销模型是一个耗散结构,普利高津将"耗散结构"定义为:一个远离平衡态的开放系统通过与环境不断地交换物质、能量和熵,在一定的条件下自发形成的有序结构。[③] 耗散结构理论认为,一个远离平衡的开放系统,可以借助于外界的能量流、物质流和信息流而维持一种时间、空间或功能的有序结构,它随着

① 鲍际刚. 信息熵经济学——人类发展之路[M]. 北京:经济科学出版社,2013.

② 邓建刚. 面向服务型制造的自适应客户定制平台[J]. 江西师范大学学报(自然科学版),2014(3).

③ 普利高津. 从混沌到有序[M]. 曾庆宏,译. 上海:上海译文出版社,1987.

外界的输入而不断地变化,并能进行自组织,导致体系本身的熵减少①。整个过程有相对于平衡状态的涨落。涨落是指对系统稳定状态的偏离,它是实际存在的一切系统的应有特征。系统内部原因造成的涨落,称为内涨落;系统外部原因造成的涨落,称为外涨落。处于平衡态系统的随机涨落,称为微涨落;处于远离平衡态的非平衡态涨落,称为巨涨落。② 以此划分整个系统,系统由微涨落到巨涨落到平衡,消费者完成了购买的五阶段,企业完成了营销的五阶段。而下一次营销阶段负熵(信息)再次流入,动力促使系统再一次偏离平衡,离开最大熵。整个购买系统与熵变化的过程如图 7-8 所示。

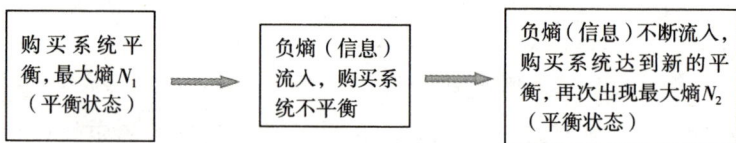

图 7-8 购买系统和熵的变化过程

总之,玻尔兹曼认为"生物为了生存而作的一般斗争,不是为了物质,也不是为了能量,而是为了熵而斗争"。传统互联网到大数据互联网的发展是必然的,是熵斗争的结果,由海量信息、混沌信息世界的传统互联网发展到——对应、追踪式、定位式推送信息世界的大数据互联网。而在这样的环境转变下,消费者的传统购买五阶段模型变为大数据购买五阶段模型,企业营销五阶段模型也变为 TPWKR 营销模型。这是一个抵御熵减,负熵不断流入,最大熵(平衡状态)反复出现,信息有序性、确定性不断增加,不断从微涨落到巨涨落再到平衡的过程,是符合规律的事物发展过程,也是事物的进化过程。

【延伸阅读】漂亮的经济学解读

漂亮可以让产品获得更高的价值与收益。从经济学的角度,解读"漂亮":第一,漂亮使需求曲线向右移动,均衡点向右移动,消费者剩余和生产者剩余都增加了,社会总剩余和总福利增加;第二,从信号传递理论来看,漂亮传递了同种条件下高能力与高品质的信号;第三,从劳动力价值分析,通过教育与包装,漂亮的人或产品蕴含了更多的劳动力价值;第四,漂亮是行业的稀缺,价格配置稀缺资源,漂亮才有了更多收益;第五,漂亮的外部性分析。

① 鲍际刚.信息熵经济学——人类发展之路[M].北京:经济科学出版社,2013.
② 鲍际刚.信息熵经济学——人类发展之路[M].北京:经济科学出版社,2013:71.

8 大数据广告的重构
对消费者行为的影响

大数据技术和环境使媒介发生了变革,也使广告与以往不同了,广告的运作形态、表现形态、营销传播体系都发生了变革。广告的变革不仅会影响消费者对商品的选择,也会影响消费者的行为和思想。

从孔德和涂尔干功能论①来看,大数据环境下广告系统的运行是一个活的有机体的运转,企业、消费者是为了整体的利益而协同工作,有序、效益和效率是广告的常态。大数据广告有其显功能与潜功能。显功能在于促进商品交换,满足了消费者和企业的需求;潜功能在于营造另一个生存空间和媒介场景,对消费者的行为和思想造成了一定影响。

大数据广告也会造成一定的社会冲突。社会冲突通过各种形式表现出来,如大数据在提高消费者与企业效益的同时,对人的思想和行为的异化,以及对人的隐私的泄漏会产生不利影响。

大数据已经深刻地影响了人的思维习惯和话语结构。人们会渐渐爱上推送,崇拜那些使他们丧失能力的技术、媒介和信息。人们由于享受媒介技术而失去了自由,我们将沉迷于我们热爱的东西。数据的搜索、定位与定制技术,从根本上不可逆转地改变了公众消费的内容和意义。麦克卢汉认为,深入一种文化的最有效途径是了解这种文化中用于会话的工具。媒介的变化带来了人们思想结构或认知能力的变化。印刷机"统治"下,话语清晰易懂,严肃而有理性,书面形式把语言凝固,由此诞生了语法家、逻辑家、修辞家。电视的"统治"下,话语丧失了应有的地位,在无意义的主义世界中寻求秩序。大数据时代,种种的智能搜索使消费者快速消费,快速感知。信息碎片化使人的注意广度大大降低,注意深

---

① 安东尼·吉登斯. 社会学(第四版)[M]. 赵旭东等,译. 北京:北京大学出版社,2009:22-23.

度却相对提高。信息的推达与话语的控制进一步削弱了人的抽象和逻辑思维的理性能力。大数据技术对人的智能分析洞察了人的心理与隐私,人的动机与欲望,广告主和营销者通过大数据技术可能获得远超于人自身对自身理解的能力。大数据技术对人的情感力量和理性控制都是不容忽视的,具有某种内容:一种有语义的、可释义的、有逻辑命题的内容。能促进理性思维,数据能培养专业人员对知识的分析管理的能力,却不要求读者要有相当的分类、推理和判断能力。因此,专业人员推崇客观和理性的思维,却并不鼓励严肃、有序和具有逻辑性的公众话语。"阐释时代":复杂理性秩序,充满逻辑,冷静与等待受众反应的耐心;"娱乐时代":简单感性无秩序,非逻辑碎片化。展示给观众的主题虽多,却不需要观众动一点脑筋,只是得到娱乐和情感上的满足。使相关的东西变得无关,没有句法,没有语境,把世界再现为一系列支离破碎的事件。在这样的语言中,没有关联,没有语境,没有历史,有的是用趣味代替复杂的不连续的思想。赢得"元媒介"的地位——一种不仅决定我们对世界的认识,也决定我们怎么认识世界的工具。无聊的东西在观众眼里充满了本能的意义,语无伦次变得合情合理。娱乐业广阔的舞台不一定为我们展示具有娱乐性的内容,而在于所有的内容都以娱乐的方式表现出来。娱乐是话语的意识形态,任何内容在大数据的追踪下都必须有一张"可爱"或可靠的脸,即贴近个体心灵和接受方式的可爱的脸。如音乐的播放,是一种情绪,为娱乐提供了一个主题。新闻包装得像杂耍,如图片的持续展现,使观众没有时间思考。新闻无论看上去有多么严肃,只要它后面紧跟着一系列广告就会在瞬间消解它的重要性,广告有力地反驳着电视新闻,是一种严肃的公众话语形式的言论。大数据集合了云计算、互联网、物联网等技术,广告和卡通片、肥皂剧和游戏等种种世俗和恶俗的东西在大数据对人的本能欲望的追踪下继续推送相关信息,深化着个体相同的欲望和需求,本身就传递了娱乐不断的信息。

以视觉刺激代替思想,使人得到最多的娱乐、最少的信息。娱乐性使观众产生错觉,以为知道了很多信息,其实离事实越来越远,错把无知当知识。观众已适应了没有连贯的世界,被娱乐得麻木不仁。娱乐是使信息简单化的媒介,使信息变得缺少内容,缺少语境,信息被包装成娱乐。在学术界里,出版的文字被赋予的权威性和真实性远远超过口头语言。文字是时间的延伸,电视是空间的延伸,任何媒介都可理解为时空的延伸。一种新媒介只是旧媒介的延伸和扩展,如电视是舞台的延伸。视频最大的长处是它让具体的形象进入我们心里,而不是让抽象的概念在我们脑中。

8.1 "广告涵化受众"与"受众涵化广告"

涵化理论(Cultivation Theory),又称培养理论、教养理论。最早由格伯纳提出。"涵化",即教养,即潜移默化地影响。涵化理论认为,受众在媒介的长期影响下形成了社会认知模式和社会行为方式。

传统涵化理论认为:媒介对受众有涵化效果,口头媒介、印刷媒介、电子媒介、网络媒介不断演化、广泛使用,每一种媒介涵化个体行为的方式可能会超越媒介本身所传送的具体内容。而广告内容也会涵化受众,且较传统时期发生更强烈的涵化。第一,广告内容会涵化社会环境;社会环境又会涵化个体行为。第二,广告本身的内容涵化个体行为。传统媒介时期,广告对受众心理及行为的影响,即"广告涵化受众"。大数据时代,广告的信息生产内容与形式均取决于受众的个性与特点,广告信息生产进入"利基"时代——即对每个不同的用户进行不同的信息生产。这样,以"用户为中心"的受众决定论其实决定了广告的信息生产。所以,从某种程度上,不仅是"广告涵化受众",也是"受众涵化广告"。广告推送与受众原有观点相符的信息,造成受众的原有认知模式的强化和进一步"涵化"。

大数据时代网络媒介相对于传统互联网环境发生了"空间转移"和"信息转移"的转向与变化。传统网络媒介是一个虚拟空间,大数据下的网络媒介由于定位追踪技术,是一个虚拟与现实结合的空间,虚拟环境与现实环境的空间转移性强、线上线下的互动性强。这是大数据下网络媒介与传统网络媒介在"空间转移"上的特点。大数据时代网络媒介的信息不仅有"搜索式",而且还有"推送式""议程设置式",这是大数据时代网络媒介在"信息转移"上的新特点。空间改变了,信息技术改变了,广告及营销模型都将发生重构。

大数据背景下,人们接触广告信息的内容和方式都发生了巨大变化,第一类信息内容是搜索类信息,获取方式是网民主动搜索;第二类信息内容是推送类信息,获取方式是企业或组织根据用户特点向用户个性推送。无论是网民主动搜索的信息,还是企业或组织根据用户特点推送的信息,都是基于用户原来的特点与需求。也就是说,随着"以用户为中心"的"信息追踪模式"的强化,信息传播模式和内容结构的变化使得普通受众开始参与广告内容过程,改变了大众传播时代的广告的线性传播模式,"广告涵化理论"的内涵在大数据时代得到了建构,图8-1为大数据背景下广告涵化的双向模式。

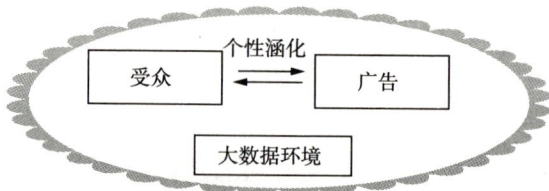

图 8-1 大数据环境下广告双重涵化理论模式

广告信息作为主导性叙述主体在传播中起到控制和操纵的作用,受众在广告接触的过程中被广告信息涵化。大数据环境下,人们在网络世界中即沉没于虚拟空间,也通过媒介亲身参与广告内容的构建。大数据的跟踪与定位更是使受众需求决定了广告内容和方式,受众涵化广告的趋势越来越明显。

大数据时代,用户在互联网上留下种种行为痕迹与消费痕迹,各媒介、企业或数据公司在线上记录消费者的行为痕迹和消费痕迹,如精准地记录人们的爱好、购买或搜索的时间、内容和方式。这些数据能够让广告主不仅追踪个体消费者的消费行为,而且还预测个体行为,为个性化定制创造了条件和基础。这种抓取、存储并对海量数据、个体数据进行分析,据此进行一对一的传播,帮助媒介决策并预测未来个体行为的能力,就是大数据的价值。大数据使大量非结构化的、不均匀分布的数据被捕捉、存储和分析后作为企业、组织决策的依据。对研究个体用户尤为有意义和价值。由于有大数据和互联网的技术支持,广告的信息生产越来越依赖于个体的喜好,受众涵化广告。"受众涵化广告"的核心在于:广告主以个体为中心,研究个体行为轨迹,传递或开发能满足用户需求、个性化的信息、产品、服务、物流等,与用户进行一对一的沟通,个性定制并打造用户需要的信息,传送的信息是个体需要的与原有认知相符的信息,广告完全被受众所涵化。

所以,大数据环境下,广告涵化理论得到了进一步发展,广告涵化受众的同时,受众被广告进一步涵化。这个过程不仅是一个双向互动过程,而且是一个个性化过程,每个个体与广告的涵化互动过程都是独特的。个体传递的广告信息是个性化的,而广告根据数据追踪所勾勒的用户图谱也是独一无二的,进而推送给用户的信息是个性化的,广告对受众的涵化是个性的。

大数据的定位功能重构了物质地点和网络场景的传统联系,确定了人们的现实群体身份和网络身份的融合,根据用户追踪,挖掘用户需求,带领用户在信息上进入原本与网络场景相近的物质地点。在媒介隔离的同时,又进行物质场景与网络场景的共享和融合。

在传统网络中,用户可以根据需求通过同一个媒体的不同界面隔离出许多不同的虚拟空间,与不同的对象进行独立的不受其他界面和空间干扰的交流。而大数据时代,通过追踪用户需求,网络媒介即可以主动隔离不同的虚拟空间,提示用户进入哪一个网页、加入哪一个 QQ 群或微信群,又可以将虚拟空间与现实空间相结合,提醒人们网络虚拟事物在现实空间中的存在,比如通过定位跟踪可获知与自己最接近的朋友、商圈、最喜爱的人的距离。大数据比网络帮助人们更加主动的扩张时间、空间,进行精神、身体上的延伸,基于数据技术的可读、可写、可交互、可追踪的功能,可以进行虚拟空间与实体空间的"多空间"精准推送行为。

大数据不是通过内容来影响我们,而是通过不断满足需求、推送社会生活的"定制信息"来产生影响,它能创造归属感和满足感。如果把某些人所处的实际环境称为"地理环境",将某些人在传统网络媒介作用下的联系称为"虚拟环境",那么,传统网络媒体塑造的是一个虚拟的空间,大数据则在某种意义上塑造了实体距离,并拉近了两个人之间的虚拟距离和实体距离。

大数据引起了虚拟空间与现实空间在同一时间的不同隔离,使人们在数字媒介中传播如微信、微博、QQ,即有虚拟性又有实体性(通过定位功能找到附近的人),更有针对性和接近性。大数据环境下,数字技术与移动媒体结合,跟踪定位功能使数字手机中的微信等极具接近性,在朋友圈中的信息发送和回复的随意性、即时性,更拉近了人与人之间的距离,仿佛千里之外的朋友就在身边。还可通过摇一摇,主动接触"地理场景"中身边不认识的用户。同时,数字媒介亦可以隐藏和显示自媒体信息,可以随时将对方拉入黑名单或解除黑名单,既有共享和归属感,又能像墙一样根据个体需求排斥或隔离某些人接触相关信息。因而,大数据环境下,网络媒介能极大地满足受众在不同时空的个性与需求,使用满足程度更高。大数据环境下,网络对人的行为具有精准性涵化的特点。

大数据环境下,广告主实时推送信息的接近性和精准性,又会加剧地理环境中其他人的好奇或不安,人们常常与微信、QQ 中的朋友聊得火热,而忽略了身处旁边的丈夫妻子或孩子。因此,有时,数字环境的精准性和推送性会进一步破坏地理环境中人与人的关系。因为物质围成的空间不再构成人际交往的壁垒,信息可以通过网络、手机跨越围墙,随时进行多空间、多对象、个性化传播和推送。所以,大数据环境下,网络广告也具有破坏性涵化的特点。

大数据对不同的受众认知模式进行分隔,推送符合其认知结构的信息,以获得受众的认同,完成更好的"受众引导和推送",因而媒介广告对受众群体的涵化是结构性的。例如,对于理性的受众,阐释是一种思想的模式,具有高度的理性和秩序,超常的冷静和客观。具有此特点的受众在网络媒介广告推送的类似信息下会更加理性,而对于感性的受众,非阐释性、没有连贯意义的感性思维是一大特点,这种感性思维削弱了大众的理性话语、理解力、有序的复杂逻辑思维,增强了网民的激情与热情,使人更易受煽动与诱导。[1] 所以,当大量的极端化词语煽动情绪时,足以使人的思考短路,极易受到诱导。这种群体化的诱导会在群体中扩散,形成"沉默的螺旋"和"从众效应",而产生主流与共鸣。针对喜爱网络图片和非结构性的网络语言的感性用户,媒介广告也会根据其个性特点推送类似广告信息,这就进一步削弱了这部分受众的理性话语、理解力、有序的复杂逻辑思维,增强了他们的激情与热情。对感性的受众来说,大量的图片足以压倒文字使人的思考短路,网络消费总以感官刺激代替理性思想。媒介广告结构性涵化受众的结果就是使理性的用户更加理性,感性的用户则更加感性。网络广告的涵化,使社会群体有"结构性涵化"特点。

大数据背景下,广告涵化理论的核心问题是网络广告建构与用户认知之间的相互作用。广告涵化理论认为广告对用户的作用,但在这个过程中是一个双向的影响和交互过程:通过大数据分析,可以追踪网民的个性、需求、性格、认知。可以为网民提供个性化的商品和服务,投其所好,向其推荐与原有观点相符合的信息,广告主根据消费者的特点推送定制信息,广告对消费者进行了与网民原有认知模式相符的涵化。而消费者在受到大数据广告涵化的同时,也在重新建构广告内容,受众根据自我认知模式在涵化广告内容和形式。所以,整个涵化过程是消费者以自我原形为点不断被涵化和自我涵化的过程。

8.2 大数据背景下不同群体的广告涵化分析

8.2.1 对于儿童来说,以"广告涵化儿童"为主

8.2.1.1 涵化理论对儿童的线性和单向涵化影响更多

传统数字媒介造成了信息的共享与融合,儿童获得了本不应属于他们这个年

---

[1] 尼尔·波兹曼. 娱乐至死[M]. 桂林:广西师范大学出版社,2011.

龄段的成人化信息。大数据时代,基于经济利益和其他利益,企业或组织会对成人进行消费图谱和个性图谱的建构,以提供定制信息获得相关利益。因为从消费者的几种角色来看,分为决策者、购买者、使用者和影响者,在这四类角色中,儿童产品的决策者和购买者主要都为父母,使用者是儿童自身,影响者也是别的父母或别的儿童,这样,在整个购买决策过程中,企业或组织进行儿童与家长的定位追踪,广告对儿童的涵化主要处于"广告涵化受众"的单向线性影响阶段。

网络媒介和传统媒介共同塑造着他们的行为方式和认知模式。传统媒体中的印刷媒体常被描绘为一个"保护的"和"养育的"环境,它限制儿童认知,从简单到复杂层次上逐渐接触外部的世界。但电子媒介与网络媒介在孩子们不被允许独立穿过马路之前,种种 PC 终端和移动终端就已陪他们穿越了地球,接触了本不属于他们这个年龄认知的信息。大数据时代的推送式信息更是在混淆孩子与他们父母身份的同时,将许多成人信息主动推送到孩子的视线中,塑造着他们的行为方式和认知模式。

8.2.1.2 "主动性涵化"提高了儿童的社会存在感、权力和社会地位

大数据背景下,儿童的网络信息接触是多维的、多空间的、个性定制的、丰富的、多元的。新的媒介和广告导致了儿童人际间与地域间的新的联系,信息的共享和权力的分化在提高儿童的社会存在感的同时,也增加了他们的权力和社会地位。儿童在网络中可以自主选择自己喜爱的节目。广告也会将用户常搜索的信息模式推送给儿童。儿童被推到面向成人的节目,有时,一些最易引起儿童兴趣的儿童节目也无法与成人节目相竞争。

传统媒体时期,隔离了儿童接触某些信息的权力,网络重新赋予了儿童这些权力,而大数据不但赋予并且主动推送信息,提醒儿童享有这些权力。儿童世界由"真空包装"进入"虚拟社会"再回到"现实社会"。但是这种信息的共享是否符合儿童的生物年龄,是否有利于儿童认知发展水平,是否会对孩子的世界观和价值观的形成带来负面影响,却需要进一步研究。

8.2.1.3 大数据的推送信息是对儿童的传统认知模式的破坏性涵化

传统媒体的印刷代码的复杂性使所有年幼的儿童都无法利用印刷进行传播交流,从某种意义上说,印刷建造了一个能在成年人中间进行传播而又不会被儿童偷听到的"地方",在这样被隔离的世界里,儿童只能一步步学习阅读技巧,从简单的句子到复杂的句子。随着年龄的增长,不断进入新的阅读领域,也被带进不同的"信息场域"。太小的儿童在跟随情节发展以及区分中心事件与次要事件时会发生困难,在逻辑思考、前因后果、想像与现实之间的区别也有一定的困难。研究显示,

儿童必须要到十一二岁时对电视的理解才能似于成人的理解。[①] 但数字广告,网络信息以图片为主,简单,直观,进入壁垒比较低,儿童进入程度较高。数字广告没有复杂的接触码和编码将受众分成不同的年龄群体接触不同的信息,撒谎、喝酒、欺骗等,一股脑都给了儿童。通过印刷媒介,儿童接触到的是一个美好而真空的社会,而数字媒介的出现,儿童接触到的是一个全面而复杂的社会。当儿童与成人进入同一个公共领域,获得一个共同的"共享场景",导致了媒介对儿童的破坏性涵化,他们所获得的认知模式与他们的年龄并不相符。

控制儿童的网络接触涉及的是价值观的冲突,到底是让他们想知道多少就知道多少,还是有意识地控制他们的网络阅读。一旦儿童学会使用网络,接收相关推送信息,父母对儿童的控制就变得比较困难,因为父母越是限制和控制儿童接触网络的内容和时间,儿童就越是想要控制。而控制变得公开了,就会破坏父母与儿童之间的感情。

网络"虚拟性"对人们认识和理解现实世界发挥着巨大影响。由于大众传媒的某些倾向性,人们描绘的儿童"主观现实"与他们在网络中实际存在的客观现实之间正在出现很大的偏离。明知背离了儿童传统的认知模式和思维模式,却不知不觉地受到这种虚拟媒介及推送信息的影响,产生媒介对儿童的涵化效果,同时,这种涵化影响不是短期的,是一个长期的、潜移默化的、"教养"的过程,它在不知不觉当中制约着儿童的现实认知模式。

网络涵化"培养"或"创造"了儿童认知模式与行为模式,这种被涵化的认知模式和行为模式尽管超越了儿童正常的认知结构和生理心理发展,却轻而易举地变成了现实。因此,增强网络信息推送的社会责任感,净化网络环境显得很重要。

8.2.2 对于成人,以"广告涵化受众"与"受众涵化广告"的双向涵化为主

大数据时代,用户信息搜索模式是——兴趣、搜索、选择、共享。用户信息推送模式是——追踪(track)、分享(share)、个性推送。利用大数据分析消费者行为和需求,可以获知用户认知模式、消费图谱,也将用户隐性的那部分用户信息需求挖掘出来,使每一个成人消费者的需求都可能得到满足,如图 8-2 所示。

[①] 梅罗维茨.消失的地域:电子媒介对社会生活的影响[M].北京:清华大学出版社,2002.

图 8-2　大数据环境下成人原有认知模式的"自我涵化"

传统网络媒介中,网络具有"匿名性"与"后区偏向"。但大数据背景下,由于对用户的跟踪定位、数据分析统计等技术,网络已不具有"匿名性"与"后区偏向",网络的"跟踪"与"前区偏向"使广告主可以勾勒完整的用户使用与认知模式。广告主与用户的双向交互决定了人们在网络中具有"对原有认知模式的巩固和延续性",也就是说,无论是"受众涵化广告"还是"广告涵化受众",都是用户原有认知模式的自我涵化。

大数据之前,网民已经适应了非结构、非阐释性、没有连贯意义的网络世界,网民因为在传统网络空间中匿名、后区偏向,时空自由、接收自由,更以追求愉快为目的,再加上传统数字媒介监管力度不如大数据下的数字媒介,唯乐、游戏就成为传统数字媒介的一种倾向,网民在网络中的认知结构非逻辑性、非语法性。大数据环境下,参与式广告对其他用户的涵化作用明显,这种网络认知模式会产生主流化与共鸣。消费者通过广告的参与在网络中可以表达出最原始的、最另类的需求,例如网民可以寻求理想但非理性的个人身份认同。这种个人身份认同是隐喻的,是通过商品表达出来的。参与式广告中创造的是网民的隐喻的理想身份和一种伪情境,但消费者的欢乐与梦想,快乐与幸福尽在其中。这种理想的身份和虚拟的身份,折射出的是其本性的、真实的欲望。

而大数据环境中,由于大数据技术能对每个用户进行追踪,网络越来越正式性、越来越具有"跟踪性""前区偏向"和"实名性"。因为要推送与用户原有观点不同的信息,需要时间成本与经济成本,为获得最大利润,最便捷的方法是推送与用户原有观点相类似的信息。于是,数据追踪用户的需求与认知,推送与用户原有观点相同或相类似的符合其认知模式的信息,以求在最短的时间内获得最大的利润。网络推送的信息也就构成了网络本身的内容建设,而这些内容是由用户决定的,也可以说广告越来越受到用户的影响和涵化。用户喜爱什么,广告就生产什么。消费者涵化广告,广告又以消费者的认知模式不断涵化消费者自身,整个互动过程变成消费者的"自我涵化"过程。

8.3 大数据广告的重构对"知沟"的影响和扩大

大数据环境下,广告对消费者行为、心理和思想的另一个影响是——知沟的扩大。美国学者蒂奇诺提出"知沟理论":认为社会经济地位高者通常能比社会经济地位低者更快、更有效地获得和利用信息,因而贫富分化的经济结构决定了知识差异,形成了"知沟"。本书对蒂奇诺理论提出质疑:认为贫富差距只是知沟产生的一个表面原因,很多社会经济地位相同或类似的人依然产生"知沟"。而且大数据时代,社会经济结构低的人群并没有因为网络信息的无偿获取和无偿推送,缩小甚至消解"知沟"。可见,产生"知沟"的根本原因不在于社会经济结构,而在于信息的不同需求和不同选择。而信息的不同需求和不同选择,主要受动机、知识存储量、社交范围、知识领域、传播技能等五个方面的差异影响。

8.3.1 大数据时代"知沟"理论再思考

知沟理论是在大众传播日益普及的时代提出的,美国学者蒂奇诺认为:信息社会中必然存在两种人,一种是信息富有阶层,一种是信息贫困阶层。由于经济贫困者在已有知识的存储量上、在获得最新传播技术等方面处于明显劣势,随着时间推移,他们与富有者之间的信息格差必然越来越大,而信息格差必然会变成知识格差,最终会表现为职业、收入和社会地位上的差异。

试对蒂奇诺理论提出以下质疑:第一,如果依照蒂奇诺的"知沟理论",社会经济地位(SES)是决定知沟的根源,社会经济结构相同的人知沟应该缩小甚至不存在,但众所周知,相同经济结构的人,因为职业不同,其"知沟"也是非常明显的。第二,依照蒂奇诺理论:在现代信息社会里,"由于社会经济地位高者通常能比社会经济地位低者更快、更有效地获得和利用信息,因而,大众传播媒介传送的信息越多,这两者之间的信息格差和知识格差也就越有扩大的趋势。也就是说,现存的贫富分化的经济结构决定了知识差异"。那么,在信息获取成本降低甚至为零的大数据时代,"知沟"相对大众传播媒体时代会更小甚至会消失,但进入互联网和大数据时代的"数字鸿沟"却更是难以跨越。说明社会经济地位(SES)不是决定知沟的根本原因和唯一原因。

具体论述上面第二点,按照蒂奇诺的理论,信息获取是有一定成本或较高成本的,而富裕阶层较贫困阶层有更多的物质财富,因而更有能力获取更多的信息。传统大众传播媒体时代,获取的公开和公共信息非常有限,要获取更多的信息必须打开渠道,寻找信息源,再获取信息源,因而经济成本较高。但大数据时代,信息的相对公开和透明及互动的随意性,使信息的获取成本相对更低。因此,经济结构的差异所导致的信息获取的差异更小了。信息获取成本更低体现在以下几个方面:第一,以 Web1.0 技术为特点的互联网体现在"海量信息的搜索",个体可以通过海量信息的无限搜索和低成本代价获得较传统大众传播时代更多的信息,因为互联网的进入成本极低,经济水平较低的个体也可获取更多更有效信息。第二,以Web2.0 技术为特点的"可读、可写、可交互"的互联网,个体可以在海量搜索的基础上进行多空间交互,信息的获取渠道更多了,获取成本降低了,因经济水平较低的个体获取信息能力提高了,知识相对于传统媒体时代具有了一种普适性和低成本获取性。第三,以 Web3.0 精准定位为特点的大数据互联网,可以在追踪和分析个体消费者的基础上,将信息无偿推送至个体。可见,大数据环境中主要以这三种技术为依托所存在的内容,信息获取成本均很低。在信息无偿获取、无偿推送的大数据时代,无论社会经济结构的高低,都可平等地享有相同的信息,但"知沟"并未缩小甚至消失。这就证明"社会经济地位(SES)是决定知沟的根源"这一假设并不完全成立,或者说,社会经济地位只是产生知沟的部分原因或表面原因。

8.3.2 大数据时代"知沟"形成的根本原因

笔者认为,个体对知识不同的需求和不同的选择才导致人与人之间根本存在的"知识沟"。个体因不同的需求、不同的选择导致摄入不同的信息,久而久之,形成了"知识差"或称"知识沟"。

具体说来,大数据时代又是哪些因素影响着个体的不同信息需求和不同信息选择呢?

第一,动机差异影响个体不同信息需求和不同信息选择。关注信息的动机不同,获取知识动力不同,对信息有了不同需求和不同选择,人与人之间知沟也就形成了。人的社会地位边缘化与心理边缘化的动机差异是知沟形成的原因之一。

第二,个体已有知识储存量的差异影响个体不同的信息需求和选择。已有知识存储量影响到个体的理解程度和对新信息的理解和掌握。而家庭传播环境所带来的知沟可能延至下一代,从而形成代际的良性循环或恶性循环。经历了大众传播时代和传统互联时代,知沟已形成,并在一定人群、一定阶层上有较大的体现,这些已有知识存量会影响到个体对新知识的理解和接受。同质性的知识比较容易理解和接受,但异质性知识比较难理解和接受;而且理解力强的个体对新知识的理解和接受较强,理解力弱的个体对新知识的理解和接受较弱。大数据时代,信息更多,传播更快,社交网络的链式结构更错综复杂,已有知识存量大、理解力强的个体与已有知识存量小、理解力弱的个体之间的"鸿沟"在不断扩大。

第三,社交范围的差异影响个体不同的信息需求和选择。罗杰斯认为知沟可能成为一种"代际积累沟"。① 大数据时代,社交媒体将人们划分为一个个的 QQ 圈、微博圈、微信圈等,每个媒体圈都有自己特别关注和传送的信息,圈子与圈子之间本身就形成了"知识沟"。这种"知沟"一代一代地积累和扩大。

第四,知识领域差异影响个体不同的信息需求和选择。不同的群体对不同知识的差距不同,有的出现"反沟"——社会地位低的群体所获取的知识反而比社会地位高的群体多。如农民在如何培植农作物的知识掌握程度远高于精英阶层,工人在机械修理方面远强于精英阶层。所以,知沟只是相对某个领域而言。大数据时代,人们在某一领域可以共享更多的信息,花更多的精力和时间在某一领域的信息获取和研究上,研究的内容更精更深,而在其他领域的知识差就扩大了。

第五,大数据传播技能的差异影响个体不同的信息选择。新传播技术带来整个社会的信息流通量和信息接触量的增大,但新技术对所有社会成员所带来的利益增长并非等量和等速的。对技术较强者,受益更大。企业作为信息占有、处理和分析的强者,凭借终端定位和数据挖掘技术,获得较普通个体或消费者更多的信息。例如,大数据时代,企业靠追踪定位技术掌握更多的消费者信息,而普通消费者因为缺乏这种追踪定位技术,在信息的获取上仍处于劣势,企业与消费者之间的"知沟"仍存在。

8.3.3　大数据广告使"知沟"进一步扩大

当公众对某个议题的关注开始减退时,某一议题上人们的"知识沟"可能趋于缩小。因为技术强者或社交强者或经济强者等不再搜索、学习和关注相关信息,信息强者与信息弱者之间的知沟便缩小了。但大数据的实时推送所带来的信息会不断提示个体持续关注某一议题,个体不断进行选择性接触、选择性理解和选择性记忆,会造成知识格差的进一步扩大。

大数据时代,人们获得信息和知识的物质手段虽然在网络时代得到了相当的普及,网络的低成本和移动端的普遍使用使人们较以前可以更平等地获得知识。但网络知识浩如烟海,要想掌握所有的信息和知识,却没有时间成本,在有限的时

---

① 徐雪高. 知沟假设文献综述[J]. 江汉论坛,2010(05).

间里,个体只有选择性地接受知识。

大数据的技术优势在于,帮助人们节省获取信息的时间,降低获取信息的时间成本,但同质信息的推送也进一步扩大了"知沟"。大数据可以在追踪定位和分析的基础上,通过数据分析和追踪,分析研究个体的知识需求、文化需求、消费需求,甚至各种需求的显性动机以及隐藏在背后的隐性动机,进而推送相关内容。大部分数据的分析是为了获得商业利益和价值,因而,顺着消费者的这种需求,有相关的节目推达、产品推送、知识消费等。所有基于大数据的信息推送都是符合个体原有知识结构的。例如,通过数据追踪和数据分析知道个体常买垃圾食品是为了释放和缓解压力,于是向个体推送更多的垃圾食品,并进一步推送具有视觉和感官刺激的影片或娱乐节目来缓解其压力。于是,个体在这一方面获得的信息越来越多,与其他不同阶层个体的"知沟"进一步扩大。

8.3.4 "知沟"扩大的正负功能

任何事物都有两面性,"知沟"的扩大也是如此。第一,大数据时代知沟扩大有利于精英阶层的统治。精英阶层较草根阶层更有智慧,更益于精英阶层和统治阶级在某个领域的集中统治,并使其获取更多的利益。但资源是有限的,在某领域内精英阶级获得了更多的利益,草根阶级能分配的资源和利益就相对缩小了。第二,"知沟"的扩大使社会不稳定因素增强。大数据时代商业利益驱动下知沟的扩大会导致收入的差异,不同阶层间知沟现象的扩大也会增进彼此的不信任和不理解。而经济结构的差异和心理结构的差异都会加剧社会关系的紧张,进一步带来社会不均衡发展、不稳定和不团结。第三,"知沟"的扩大可能产生社会变迁。"遍及全社会的严重的知识差异现象,其本身就是一个深刻的社会效果,它是未来社会变迁的关键因素。"①

针对"知沟"的这些功能,公共部门应加强对大数据的社会化利用,社会公益机构和部门应开始利用大数据推送相关信息改善社会的分化,缓解知沟的扩大,维护社会的平衡与稳定。例如通过数据追踪知道个体常买垃圾食品,于是向个体推送更多的关于垃圾食品有害健康的信息,并推送更多有益健康的绿色食品;通过大数据分析知道个体精神压力大,及时推送缓解精神压力的精神疗法和缓解压力的相关信息。

---

① 丁未. 大众传播的社会结构与知识差异——明尼苏达小组早期知沟假设研究[J]. 新闻大学,2001(08).

9 结 语

　　大数据技术引起了媒介的变革,引起了广告的变革。本书以思辨研究(归纳与演绎、分析与综合)、文本分析、案例研究为主要研究方法,对大数据时代广告的变革与重构——广告的表现形态的变革、广告的运作形态的变革、广告营销的关键、企业广告营销模型的变革做了分析与探讨。其中有些是正在发生的变革和重构,有些是还没有发生的变革和重构。本书尤其对广告表现形态中的议程设置广告做了深入的剖析和探讨,对市场调查的新方式和新方法做了归类和分析,对广告发布中的程序化购买的运作机理和公众自媒体发布的动因和动机做了深入的分析。作者认为,本书所提到的利基营销应当成为大数据环境下企业营销的关键,也是企业营销最基本的营销方式。在利基营销基础上建构的 TPWKR 模型是以消费者的变革所导致的企业营销的变革为核心建构的,有一定的实践性和实际意义。

9.1 研究结论

　　本书以技术影响媒介,媒介影响广告的主线分析与思考。首先分析大数据环境有哪些不同于以往的技术因素。大数据环境中的技术因素主要包括三个内容:第一,Web1.0 技术为基础的"海量信息搜索";第二,Web2.0 技术为基础的"可读可写可交互";第三,Web3.0 技术为基础的"追踪定位"(包括 COOKIE 与 App 追踪定位技术)。

　　再以麦克卢汉媒介经典理论分析大数据环境下的网络媒介,分析得出,大数据环境中基于 Web3.0 的信息的推送、Web1.0 的海量信息搜索、Web2.0 的"可读可写可交互"使人体得到了时空的延伸;Web2.0 的"可读可写可交互"让大数据媒介使人在虚拟空间而非现实空间中更加"部落化";Web3.0 的信息的推送、Web1.0 的海量信息搜索、Web2.0 的"可读可写可交互"都使大数据媒介成为一种高度参与的"冷媒介"。

　　再以对大数据技术、媒介变革的分析为基点,进一步分析在此环境中广告的变革与重构。通过分析大数据技术和媒介,以价值论为分析框架分析在此环境下不能体现大数据媒介优势的传统广告将被淘汰,能体现大数据媒介优势的广告将会形成。大数据广告一定是能彰显大数据媒介和技术优势的广告。研究得出,客体的价值在于对主体的满足,大数据广告的价值在于广告对受众、社会和媒介的满足。广告——受众价值在于其信息价值、娱乐价值、社交价值和时空价值;大数据广告——社会价值在于其对社会需要的满足和对社会文明程度的体现;大数据广告——媒介价值在于使媒介在时间和空间上的使用程度都更高了。而且,大数据技术和媒介优势可以使广告避免信息的不对称性和逆向选择。

在大数据技术变革和媒介变革的基础上,探讨了大数据环境下广告新的表现形态和新的运作形态。研究得出,广告新的表现形态主要有:搜索引擎广告、议程设置与参与式广告、利基广告。搜索引擎广告是基于 Web1.0 技术的大数据广告,搜索引擎广告关键在于通过对搜索引擎的优化来吸引消费者,通过关键词将有需求的消费者和有需求的企业相匹配。议程设置与参与式广告是基于 Web2.0 技术的大数据广告,议程设置广告通过极端性语言、广告兴趣点刺激与扩散、广告议程中的互动与斗争性、广告议程的隐蔽性触发来吸引消费者参与广告。并提出广告议程设置的模式,进一步研究消费者参与广告的动机——获益心理、发泄情绪、自我调节、社会认同,得出消费者参与议程设置广告的过程有:议程设置—爆发—延续—结束;得出广告参与传播的公式:广告议程的传播度＝广告事件重要性×广告事件模糊性×广告已有内容与原有观点的契合度×社交圈关系强弱。并进一步分析议程设置的关键在于如何利用沉默的螺旋和进行创新扩散。利基广告是基于 Web3.0 技术的大数据广告,追踪定位可以将个体在传统市场中不被发现的需求挖掘出来,形成利基市场。

广告新的运作形态主要有三个方面——市场调查、媒体发布、效果评估。其中市场调查的建构主要有 TSE(追踪、筛选、外部性);媒体发布的建构主要有程序化购买与公众自媒体发布,进一步分析程序化购买中的商品价值(物质、时间、空间、信息)提高了,程序化购买使网络中需求方与供应方向着有序、能量消耗少的方向演进,而公众参与自媒体发布的原因在于本我欲望的表达(如社交需求);效果评估的新方式——认知效果可以通过点击、流量等指标评估,记忆效果可以通过点击、搜索、分享等行为评估,行动效果可通过搜索、共享等指标评估,评估的样本可细化到个体消费者的点击、搜索、共享与转化率的评估。

Web3.0 技术变革和媒介的变革使大数据环境下广告营销的关键在于——利基营销。以长尾理论为分析框架,思考了大数据环境下基于“顾客感知价值”的利基营销过程。大数据时代市场细分细化到每一个人,产生了“利基市场”,利基营销成为大数据时代主要的营销方式,有五个过程:T——追踪;S——分享;C——个性定制;P——刺激购买;R——关系。利基营销是大数据环境下最基本的营销方式,也是广告营销的关键。利基营销使顾客感知价值提高。

广告的变革带来了企业广告营销模型的变革。在利基营销的基础上,以菲利浦·科特勒的"顾客购买五阶段模型"为起点,进一步建构并分析大数据环境下企业营销模型 TPWKR。并从信息熵的角度分析此广告营销模型建构的意义——降低了信息冗余,提高了负熵,优化了系统,提高了效益,使企业和消费者朝着更有益于自身的方向发展。TPWKR 企业广告营销模型是一个不断进行系统优化的耗散结构,也是一个不断进行自身优化的自适应系统。TPWKR 包括:T——追踪消费者、P——推送定制信息、W——口碑分享、K——购买关键点刺激、R——关系与沟通五个过程。

大数据环境广告的变革给人们行为和思想带来了一定影响,广告涵化着受众,技术变革所导致的信息的个性推送、定制和广告的高参与度使受众也涵化着广告。两者是一个"双向个性"涵化的过程,是一个具有多空间推送的精准性涵化,是破坏性、结构性的涵化,是一个不断循环的自我涵化过程,而推送式广告和部落化社交也会对人们知沟的扩大形成进一步的影响。

9.2 研究的展望

第一,结合实证研究中的数理统计和分析。以往的研究成果中,没有系统讨论大数据广告的解构和重构的问题。本书因为讨论的是广告的宏观架构的问题,主要是以分析与综合、归纳与演绎、抽象与概括的思辨研究、案例研究和文本分析为主要研究方法得出的结论,进一步研究应该以实证的研究方法,进行数理统计或分析来进一步验证这些观点。

第二,研究的深度有待进一步加强。在分析研究企业广告营销模型时,如果将环境因素、政治法律文化等因素纳入,建构的模型就可以再系统些。

第三,进一步研究应该在相关企业数据挖掘技术的支持下深入分析。相关消费者数据因为隐私问题或有偿购买问题无法从企业获得。有些数据必须通过追踪的大数据相关技术获得,但这些数据有时很难获得,因为企业或相关数据公司对消费者的相关数据的隐私有一定的保护义务。所以,本研究在获取数据方面存在一定的限制,比如没有运用到相关数据和相关数据挖掘技术深入分析和探讨重构的过程及重构后广告及营销模型的效果。

参 考 文 献

一、中文著作类

[1] 马克思,恩格斯.马克思恩格斯选集:第 1 卷[M].北京:人民出版社,1972.

[2] 维克托·迈尔-舍恩伯格,肯尼思库克耶:大数据时代,生活、工作与思维的大变革[M].盛杨燕,周涛,译.杭州:浙江人民出版社,2013.

[3] 麦德奇,保罗布朗.大数据营销定位客户[M].王维丹译.北京:机械工业出版社,2014.

[4] 马修·E.梅:精简——大数据时代的商业制胜法则[M].华驰航译.北京:中信出版社,2013.

[5] 唐舒尔兹.SIVA 范式——搜索引擎触发的营销革命[M].李丛杉译.北京:中信出版社,2014.

[6]《哈佛商业评论》增刊:大数据时代的营销变革[M].北京:《哈佛商业评论》出版集团,2014.

[7] 丽莎亚瑟.大数据营销[M].姜欣等,译.北京:中信出版社,2014.

[8] 比约·布劳卿.大数据变革[M].沈浩译.北京:机械工业出版社,2014.

[9] Chuck Hemann,Ken Burbary:数字营销解析[M].宫鑫等,译.人民邮电出版社,2014.

[10] Gert·H. Laursen.精确营销方法与案例:大数据时代的商业分析[M].漆晨曦,林清怡,译.北京:人民邮电出版社,2013.

[11] 菲利浦·科特勒.营销管理[M].王永贵等,译.上海:格致出版社,2009.

[12] 普利高津.从混沌到有序[M].曾庆宏译.上海:上海译文出版社,1987.

[13] 埃里克·麦克卢汉,弗兰克·秦格龙.麦克卢汉精粹[M].何道宽译.南京:南京大学出版社,2000.

[14] 马歇尔·麦克卢汉. 理解媒介[M]. 周宪,许均,译. 北京:商务印书馆,2003.

[15] 李顺德. 价值论——一种主体性的研究(第三版)[M]. 北京:中国人民大学出版社,2013.

[16] 邵培仁. 传播学[M]. 北京:高等教育出版社,2007.

[17] 古斯塔夫·勒庞. 乌合之众[M]. 戴光明译. 北京:新世纪出版社,2010.

[18] [法]古斯塔夫·勒庞. 乌合之众:大众心理研究[M]. 北京:中内编译出版社,2004.

[19] [美]卡斯·R. 桑斯坦. 谣言[M]. 张楠迪扬译. 北京:中信出版社,2010.

[20] 周裕琼. 当代中国社会的网络谣言研究[M]. 上海:商务印书馆,2013.

[21] [法]弗朗索瓦丝·勒莫. 黑寡妇:谣言的示意及传播[M]. 唐家龙译. 上海:商务印书馆,1999.

[22] [法]莫里斯·哈布瓦赫. 论集体记忆[M]. 上海:上海人民出版社,2002.

[23] 罗杰斯. 创新的扩散[M]. 北京:中央编译出版社,2002.

[24] 符国群. 消费者行为学(第二版)[M]. 北京:高等教育出版社,2001.

[25] 曼昆. 经济学原理(第五版)[M]. 梁小民等,译. 北京:北京大学出版社,2009.

[26] 倪宁. 广告学教程[M]. 北京:中国人民大学出版社,2009.

[27] 王晓华. 广告效果[M]. 北京:高等教育出版社,2012.

[28] 卢泰宏. 消费者行为学(第二版)[M]. 北京:中国人民大学出版社,2014.

[29] 张继国,[美]维杰·P. 辛格. 信息熵——理论与应用[M]. 北京:中国水利水电出版社,2002.

[30] 安东尼·吉登斯. 社会学(第四版)[M]. 赵旭东等,译. 北京:北京大学出版社,2003.

[31] 尼尔·波兹曼. 娱乐至死[M]. 桂林:广西师范大学出版社,2011.

[32] 梅罗维茨. 消失的地域:电子媒介对社会生活的影响[M]. 北京:清华大学出版社.2002.

[33] [美]保罗·莱温森. 数字麦克卢汉[M]. 何道宽译. 北京:社会科学文

献出版社,2001.

[34][美]丹尼尔·里格尼.贫与富——马太效应[M].秦文华译.上海:商务印书馆,2013.

[35][奥]西格蒙德·弗洛伊德.自我与本我[M].林尘等,译.上海:上海译文出版社,2011.

[36]张绵厘.实用逻辑教程(第四版)[M].北京:中国人民大学出版社,2010.

[37][美]布鲁克·诺埃尔·摩尔,理查德·帕克.批判性思维[M].朱素梅译.北京:机械工业出版社,2012.

[38][法]让-鲍德里亚.消费社会[M].刘成富,全志钢,译.南京:南京大学出版社,2000.

[39]张培刚,张建华.发展经济学[M].北京:北京大学出版社,2008.

[40][美]兰德尔·柯林斯.互动仪式链[M].上海:商务印书馆,2009.

[41]卢泰宏,周懿谨.消费者行为学(第二版)[M].北京:中国人民大学出版社,2015.

[42][美]欧文·戈夫曼.污名——受损身份管理札记[M].上海:商务印书馆,2009.

[43][美]施拉姆.传播学[M].何道宽译,北京:中国人民大学出版社,2010.

[44]张志伟.西方哲学史[M].北京:中国人民大学出版社,2010.

[45][美]赫伯特·马尔库赛.单向度的人——发达工业社会意识形态研究[M].上海:上海世纪出版集团,2008.

[46]郑毅.证析——大数据与基于证据的决策[M].北京:华夏出版社,2012.

[47][加]哈罗德·伊尼斯.传播的偏向[M].何道宽译.北京:中国人民大学出版社,2003.

[48][加]哈罗德·伊尼斯.帝国与传播[M].何道宽译.北京:中国人民大学出版社,2003.

[49]托马斯·库恩.科学革命的结构[M].金吾伦,胡新和,译.北京:北京大学出版社,2003.

[50]苏东水.产业经济学[M].北京:高等教育出版社,2000.

[51]黄少安.制度经济学[M].北京:高等教育出版社,2008.

[52]丹尼斯·麦奎尔.麦奎尔大众传播理论[M].北京:清华大学出版

社,2010.

[53] 鲍际刚. 信息熵经济学[M]. 北京:经济科学出版社,2013.

二、外文类(著作、期刊论文)

[1] Habemas. Modernity:An Incomlete Project:H • Fostered:"Post — modern Culture"[M]. London:Pluto Press. 1985.

[2] Ulrich Beck. World Risk Society[J]. Cambridge:Blackwell. 1999.

[3] Mazrui. Ali A. Culture Forces in World Politics [J]. London Currey. 1990.

[4] Alport,G. W. ,Postman,L. J. The psychology of rumor[J]. New York: Holt,Rinehart& Winston,1947.

[5] Scott, J. S. Weapons of the weak:"Everyday forms of peasant resistance. New Heaven"[M]. CT:Yale University Press. 1985.

[6] Knapp. R. A. psychology of rumor[J]. Public Opinion Quarterly,1944.

[7] Heronm, Le. J. , Sligo, F. Acquisition of sim-ple and complex knowledge, a knowledge gap perspective [J] . Edu-cational Technology & Society,2005.

[8] Fine, G. A. Rumor, trust and civil society:Collective memory and cultures ofjudgement[J]. Diogenes,2007.

[9] C. E. Shannon. A Mathematical Theory of Communications[J]. The Bell System Technical Journal,July, October,1948.

[10] Karnitschnig, Matthew, Mylene Mangalindan. AOL Fires Technology Chief After Web Search Data Scandal[J]. Wall Street Journal,August 21,2006.

[11] Keefe, Patrick Radden. Can Network Theory Thwart Terrorists [J]. New Your Times,March 12, 2006.

[12] Kinnard, Douglas. The War Managers[M]. University Press of New England,1977.

[13] Kliff, Sarah. A Database That Could Revolutionize Health Care [J]. Washington Post,May 21,2012.

[14] Kruskal, William, and Frederick Mosteller. Representative Sampling, IV:The History of the Concept in Statistics, 1895 — 1939 [J]. Inernational Statistical Review ,1980.

[15] Latour, Bruno, et al. The Pasteurrization of France [M] . Harvard

University Press,1993.

[16] Levitt,Steven D,Stephen J. Dubner. Freakonomics:A Rogue Economist Explores the Hidden Side of Everything[J]. William Morrow,2009.

[17] Lewis,Charles Lee. Matthew Fontaine Maury: The Pathfinder of the Seas[J]. U. S. Naval institute,1927.

[18] Murray,Alexander. Reason and Society in the Middle Ages[M]. Oxford University Press,1978.

[19] Schlie,Erik,J. rg Rheinboldt,and Niko Waesche. Simply Seven:Seven Ways to Create a Sustainable Internet Business[J]. Palgrave Macmillan,2011.

[20] Silver,Nate. The Signal and the Noise:Why So Many Predictions Fail —But Some Don't[J]. Penguin,2012.

[21] Losifidis P. Digital convergence:challenges for European regulation [J]. Javnost — The Public,2002,9(3).

[22] Garcia — Murillo M,MacInnes I. The impact of technological convergence on the regulation of ICT industries[J]. The International Journal on Media Management,2002,5(1).

[23] Dupagne M,Garrison B. The meaning and influence of convergence. a qualitative case study of newsroom work at the Tampa news center [J]. Journalism Studies,2006,7(2) .

[24] Blackman CR. Convergence between telecommunications and other media: how should regulation adapt[J]. Telecommunications Policy,1998,22(3).

[25] Rolland A . Convergence as strategy for value creation[J]. International Journal on Media Management, 2003, 5(5).

[26] Vernon R. International investment and international trade in the product cycle[J]. Quarterly Journal of Economics, 1966,80(2).

[27] Gort M,Klepper S. Time paths in the diffusion of product innovation [J]. The Economic Journal,1982,92(367).

[28] Kopecka — Piech K. Media convergence concepts[J]. Media Studies, 2011, 46(3).

[29] Guillory J. Genesis of the media concept[J]. Critical Inquiry,2010,36 (2).

三、论文类(期刊论文、论文集、学位论文、报纸)

[1] 林坚. 文化概念演变及文化学研究历程[J]. 文化学刊,2007(4).

[2] 姜奇平.从精准到推荐——大数据时代重构网络广告商业模式[J].互联网周刊,2012(10).

[3] 李亦宁.大数据背景下广告产业生态的嬗变与重构[J].当代传播,2014(03).

[4] 谭辉煌.大数据背景下广告的形态变迁、价值和产业转型[J].临沂大学学报,2015(02).

[5] 邓若伊.大数据背景下广告运作转型分析[J].新闻界,2014(11).

[6] 倪宁.大数据时代的精准广告及其传播策略——基于场域理论视角[J].现代传播,2014(02).

[7] 张辉锋.消费者情境挖掘:大数据时代广告投放的新水平[J].西北大学学报,2014(07).

[8] 张辉锋.投放精准及理念转型[J].当代传播,2013(11).

[9] 张文锋.大数据时代广告变革、可能、边界及趋势[J].广告大观(理论版),2014(06).

[10] 黄升民.大数据背景下营销体系的解构与重构[J].现代传播,2012(11).

[11] 宋志远.大数据关联营销[J].新营销,2013(10).

[12] 王智颖.大数据如何改变广告[J].中国广告,2012(12).

[13] 张凤萍.大数据时代的网络广告模式——基于RTB的网络广告市场运作模式分析[J].编辑之友,2014(04).

[14] 朱妍.广告实时竞价:效果好又省钱[J].重庆商报,2013(06).

[15] 苑娟,万焱.熵理论及其应用[J].中国西部科技,2011(10).

[16] 刘建明.对议程设置论的修正[J].国际新闻界,2000(02).

[17] 胡泳.谣言作为一种社会抗议[J].传播与社会学刊,2009(09).

[18] 杜智涛.社会化媒体对议程设置的助推与创新[J].传媒,2014(01).

[19] 徐雪高.知沟假设文献综述[J].江汉论坛,2010(05).

[20] 丁未.大众传播的社会结构与知识差异——明尼苏达小组早期知沟假设研究[J].新闻大学,2001(08).

[21] 廖秉宜.大数据时代中国广告产业的发展研究[J].广告大观(理论版),2015(12).

[22] 李德虎,杨东化.负熵是什么[J].自然杂志,1990(13).

[23] 奚路阳,程明.大数据营销视角下广告运作体系的嬗变[J].编辑之友,

2016(03).

[24] 刘志杰. 大数据环境下传统媒体广告经营创新[J]. 中国出版,2015(01).

[25] 黄杰. 大数据时代程序化购买广告模式研究[J]. 新闻知识,2015(04).

[26] 赵立敏. 大数据时代广告现代广告的重构及发展逻辑[J]. 编辑之友,2015(07).

[27] 蒋洛丹. 大数据背景下网络广告转型的思考——以实时竞价广告(RTB)为例[J]. 当代传播,2015(03).

[28] 许正林,杨瑶. 基于大数据的移动互联网 RTB 广告精准投放模式及其营销策略探析[J]. 上海大学学报(哲社版),2015(06).

[29] 李晓英. 大数据时代互动式整合传播营销体系的建构[J]. 当代传播,2015(04).

[30] 2014 中国移动程序化购买行业报告[J]. 声屏世界广告人,2014(09).

[31] 陈国权. 大数据与报业广告转型[J]. 中国记者,2015(01).

[32] 杨秀. 大数据时代定向广告中的个人信息保护——《中国互联网定向广告用户信息保护行业框架标准》分析[J]. 国际新闻界,2015(05).

[33] 鞠宏磊,黄琦翔,王宇婷. 大数据精准广告的产业重构效应研究[J]. 新闻与传播研究,2015(08).

[34] 张辉锋,金韶. 投放精准及理念转型——大数据时代互联网广告的传播逻辑重构[J]. 当代传播,2013(11).

[35] 刘东. 大数据时代的电视媒体营销研究——基于网络整合营销4I原则的视角[D]. 华东师范大学,2014(07).

[36] 任锦鸾,李涛,李波. 基于大数据的电视综艺节目精准营销[J]. 现代传播,2015(05).

[37] 张玲. 大数据对影视营销的影响研究[J]. 现代传播,2014(10).

[38] 冯志强. 大数据时代网上书店信息运维和精准营销[J]. 科技与出版,2015(01).

[39] 李晓英. 大数据时代互动式整合传播营销体系的建构[J]. 当代传播,2015(07).

[40] 郑宇. 大数据与小数据的融合共生——节目生产、营销与评估的一种新思路[J]. 中国广播电视学刊,2014(10).

[41] 贾利军,许鑫. 谈"大数据"的本质及其营销意蕴[J]. 南京社会科学,

2013(07).

[42] 张金海. 广告的现实生存与未来发展[J]. 武汉大学学报(人文科学版),2009(07).

[43] 张金海,黄玉波. 我国传媒集团新一轮扩张的态势[J]. 江西社会科学,2005(05).

[44] 张金海,林翔. 基于网络交互式平台的广告资讯化趋势分析[J]. 武汉理工大学学报(社会科学版),2012(06).

[45] 张金海,林翔. 网络媒体商业模式的建构[J]. 现代传播,2012(08).

[46] 张金海,王润珏. 数字技术与网络传播背景下的广告生存形态[J]. 武汉大学学报(人文科学版),2009(04).

[47] 束秀芳. 美国媒介分化现象初探[J]. 现代传播,2011(12).

[48] 王东红. 多产品定价、广告与库存联合决策研究[D]. 北京:北京交通大学,2015.

[49] 冯钢. 房地产广告:一个时代变迁的真实文本——以成都房地产广告(1992年—2004年)为样本的研究[D]. 成都:四川大学,2006.

[50] 杨海军. 广告舆论传播研究——基于广告传播及舆论导向的双重视角[D]. 上海:复旦大学,2011.

[51] 刘艳子. 我国广告与居民消费的相关研究[D]. 武汉:武汉大学,2014.

[52] 邓超明. 基于战略转型的广告企业发展研究——以互通国际传播集团为例[D]. 武汉:武汉大学.2014.

[53] 易绍华. 数字化背景下中国电视媒体的网络化生存研究[D]. 武汉:武汉大学,2009.

[54] 姜帆. 数字传播背景下广告的生存与发展研究[D]. 武汉:武汉大学,2010.

后　　记

　　这本书的完成，要感谢我的博士生导师——张金海教授，成为张老师的学生是我一生最重要的选择之一。老师给了我宝贵的机会，重塑了我的思想和灵魂。张老师缜密的思维、开阔的视野、积极乐观的态度深深地影响了我，在老师的引导和影响下，我在学术上更精进，在思想上更深刻，在性格上更完善，在社交上更宽广。我的成长亦倾注了老师许多心血。

　　感谢武汉大学新闻传播学院诸多老师的指导，感谢石义彬老师、姚曦老师、冉华老师、周翔老师、舒咏平老师、黄迎新老师。各位老师让我进步很大，收获很多。感谢我的家人，感谢我的同学王佳、王凤仙等，忘不了大家一起走过的日子。

　　感谢我的领导曾振华院长等。感谢我的同事，谢谢你们的支持与鼓励。

　　书中难免有不尽完善之处，请读者赐教。

图书在版编目(CIP)数据

大数据时代广告的解构与重构/蔡立媛著 . —合肥:合肥工业大学出版社,2018.10

ISBN 978-7-5650-4067-2

Ⅰ.①大… Ⅱ.①蔡… Ⅲ.①广告学—研究 Ⅳ.①F713.80

中国版本图书馆 CIP 数据核字(2018)第 158993 号

大数据时代广告的解构与重构

蔡立媛 著   责任编辑 江 鼎

出　版	合肥工业大学出版社	版　次	2018 年 10 月第 1 版
地　址	合肥市屯溪路 193 号	印　次	2018 年 10 月第 1 次印刷
邮　编	230009	开　本	710 毫米×1010 毫米　1/16
电　话	总 编 室:0551-62903038	印　张	10.5
	市场营销部:0551-62903198	字　数	184 千字
网　址	www.hfutpress.com.cn	印　刷	合肥现代印务有限公司
E-mail	hfutpress@163.com	发　行	全国新华书店

ISBN 978-7-5650-4067-2   定价:38.00 元

如果有影响阅读的印装质量问题,请与出版社市场营销部联系调换。